| 交通运输低碳发展战略与关键技术丛书 |

Research on Performance Evaluation Methods and
Development Countermeasures of
Transportation Structure Adjustment

运输结构调整绩效评价方法与发展对策研究

梁仁鸿　陈　硕　孙　杨　龚露阳　著

人民交通出版社股份有限公司

北京

内 容 提 要

本书以货运领域的运输结构调整为研究对象，从运输结构概念出发，总结了我国运输结构调整发展现状、经验成效及国外典型做法，在此基础上提出运输结构调整绩效评价概念及主要影响因素。本书在梳理常用评价方法的基础上，对我国运输结构调整绩效水平进行了实证研究。为保障运输结构调整长效发展，本书从顶层设计、政策体系、监督考核机制等方面提出了相应的对策建议。

本书可为政府部门、交通运输行业主管部门制定交通运输发展政策提供参考，也可供相关规划、设计、科研、咨询等单位参考使用。

图书在版编目(CIP)数据

运输结构调整绩效评价方法与发展对策研究/梁仁鸿等著.—北京:人民交通出版社股份有限公司，2022.7

ISBN 978-7-114-18008-8

Ⅰ.①运… Ⅱ.①梁… Ⅲ.①交通运输业—经济结构调整—研究—中国 Ⅳ.①F512.3

中国版本图书馆 CIP 数据核字(2022)第 093719 号

Yunshu Jiegou Tiaozheng Jixiao Pingjia Fangfa yu Fazhan Duice Yanjiu

书　　名：	运输结构调整绩效评价方法与发展对策研究
著 作 者：	梁仁鸿　陈　硕　孙　杨　龚露阳
责任编辑：	杨丽改
责任校对：	孙国靖　卢　弦
责任印制：	张　凯
出版发行：	人民交通出版社股份有限公司
地　　址：	(100011)北京市朝阳区安定门外外馆斜街 3 号
网　　址：	http://www.ccpcl.com.cn
销售电话：	(010) 59757973
总 经 销：	人民交通出版社股份有限公司发行部
经　　销：	各地新华书店
印　　刷：	北京虎彩文化传播有限公司
开　　本：	787×1092　1/16
印　　张：	6.25
字　　数：	102 千
版　　次：	2022 年 7 月　第 1 版
印　　次：	2023 年 7 月　第 2 次印刷
书　　号：	ISBN 978-7-114-18008-8
定　　价：	80.00 元

(有印刷、装订质量问题的图书由本公司负责调换)

作者简介

梁仁鸿，1986年9月出生，工学硕士，交通运输部科学研究院助理研究员，主要从事城乡交通运输一体化、运输结构调整、交通信息化等领域研究工作。近年来，主持或参与交通运输领域课题40余项，获中国公路学会一等奖2项、二等奖3项，中国工程咨询协会一等奖1项，主持完成计算机软件著作权20余项，发表学术论文10余篇，主持完成专著3部。主要研究成果有《预约响应型农村客运服务规范标准研究》《交通运输发展指数构建方法研究》《河北省综合立体交通网规划实施及保障措施研究》《江西省"四好农村路"高质量发展研究》《河南省智慧公路大数据应用技术研究》等。

前言 | PREFACE

调整运输结构是打好污染防治攻坚战、打赢蓝天保卫战的重要环节，是加快建设现代化综合交通运输体系，建设交通强国的重要内容。为贯彻落实党中央、国务院关于推进运输结构调整的决策部署，交通运输部全面推进运输结构调整工作，成立了由国家铁路局、民航局、邮政局以及铁路总公司组成的运输结构调整工作组，研究起草了《推动运输结构调整行动计划（2018—2020年）》和《京津冀及周边地区运输结构调整工作及实施方案（2018—2020年）》，拟定了聚焦"推进货物运输公转铁、公转水，发展多式联运，推进老旧货车更新淘汰，推广应用新能源货车"4个重点，组织实施6大行动，在京津冀及周边地区重点推进9大工程的总体工作框架。在此基础上，各地通过采用推进港口大宗货物"公转铁"、推动多式联运加快发展等多种方式，运输结构调整工作取得了阶段性成果，实现了良好开局。

开展运输结构调整绩效评价研究工作有利于运输结构调整工作持续健康有序推进，可为行业管理部门制定运输结构调整发展政策提供支撑。因此，开展运输结构调整绩效评价方法与发展对策研究正当其时。本书作者对运输结构调整领域进行了长期的跟踪研究，在该领域开展了大量科研工作，在综合交通发展指数构建领域也进行了诸多有益尝试，结合取得的科研成果，整理形成此书。本书重点以货运领域的运输结构调整为研究对象，从研究运输结构概念出发，总结了我国运输结构调整发展现状、经验与成效、国外典型做法与经验,研究并提出了运输结构调整绩效评价概念及主要影响因素,在梳理常用评价方法的基础上,对我国运输结构调整绩效水平进行了实证研究。为保障运输结构调整长效发展,本书最后从顶层设计、政策体系、监督考核机制等方面研究提出了相应的对策建议。

  本书的撰写得到了交通运输行业专家学者和广大同仁的点拨和鼓励,借助了专家和学者的智慧,在此一并表示最衷心的感谢,同时感谢汪健、李葆青、刘颖等同志在项目研究和本书写作中所做的大量基础研究工作。

  由于水平有限,编写时间仓促,未尽之意颇多,如有纰漏之处,诚望各位领导、各界专家和广大读者不吝赐教。

作 者
2022 年 3 月

目录 CONTENTS

第一章　运输结构调整概述 /1

　第一节　我国综合交通运输体系发展背景 …………………… 3
　第二节　运输结构概念 ………………………………………… 4
　第三节　运输结构调整必要性 ………………………………… 5

第二章　我国运输结构调整发展现状、经验与成效 /7

　第一节　我国运输结构调整的相关政策 ……………………… 9
　第二节　地方经验 ……………………………………………… 10
　第三节　我国运输结构调整实施效果 ………………………… 16

第三章　国外典型做法与经验借鉴 /19

　第一节　瑞士 …………………………………………………… 21
　第二节　美国 …………………………………………………… 22
　第三节　欧盟 …………………………………………………… 24
　第四节　国外经验与启示 ……………………………………… 28

第四章　运输结构绩效评价理论基础 /31

　第一节　各种运输方式技术经济特征分析 …………………… 33

第二节　运输结构调整绩效评价内涵 ················· 35
　　第三节　运输结构调整绩效评价的主要影响因素 ········· 36

第五章　运输结构调整绩效评价指标体系与方法/39

　　第一节　评价指标选取原则 ······················· 41
　　第二节　评价指标体系构建 ······················· 42
　　第三节　绩效评价方法研究 ······················· 46

第六章　运输结构调整绩效评价实证研究/55

　　第一节　基础数据整理 ························· 57
　　第二节　基础数据标准化 ······················· 58
　　第三节　权重计算 ··························· 58
　　第四节　求解关联系数矩阵 ······················· 59
　　第五节　绩效评价值测算 ······················· 60
　　第六节　绩效评价结果分析 ······················· 61

第七章　运输结构调整绩效评价系统开发/73

　　第一节　系统开发背景 ························· 75
　　第二节　功能设计思路 ························· 75
　　第三节　软件系统使用指南 ······················· 76

第八章　我国运输结构调整发展对策及思考/81

　　第一节　不断强化顶层设计 ······················· 83
　　第二节　构建支持政策体系 ······················· 85
　　第三节　逐步规范货运市场 ······················· 86
　　第四节　大力发展多式联运 ······················· 88
　　第五节　加强监督考核机制 ······················· 89

参考文献/90

第一章

运输结构调整概述

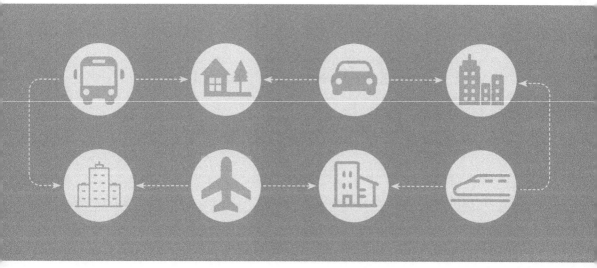

第一节　我国综合交通运输体系发展背景

综合交通运输体系是各种运输方式在现代经济条件下共同组成的布局合理、优势互补、分工明确、衔接顺畅的运行系统和服务系统。建立综合交通运输体系是各种运输方式充分发展、进入运输化较为完善阶段后，社会经济对运输业的内在要求。

2013年11月26日，经国务院和中央编委批准，《中央编办关于交通运输部有关职责和机构编制调整的通知》（中央编办发〔2013〕144号）正式印发，提出"交通运输部管理国家铁路局、中国民航局、国家邮政局，负责推进综合交通运输体系建设，统筹规划铁路、公路、水路、民航以及邮政行业发展"。交通运输部提出当前和今后一个时期要全面深化改革，集中力量加快推进"四个交通"发展，即综合交通、智慧交通、绿色交通和平安交通。综合交通作为"四个交通"发展的核心，是适应全面建成小康社会的必然要求，是加快转方式调结构、提质增效升级的重要内容，也是推进交通运输可持续发展的必由之路。

2014年全国交通运输工作会议提出要加快发展综合交通，合理布局不同区域、不同层次、不同方式的运输网络，合理配置和优化整合交通运输资源，发挥各种运输方式技术经济优势和交通网络整体效能，统筹规划铁路、公路、水路、民航以及邮政行业发展，发挥组合效率和整体优势，实现各种运输方式从分散、独立发展转向一体化、集约化发展，加快构建网络设施配套衔接、技术装备先进适用、运输服务安全高效的综合交通系统。国家层面的综合交通运输发展相关规划和政策为各地开展综合交通运输体系规划提供了宏观指导和外部基础。

党的十九大报告首次明确提出要建设"交通强国"的发展战略，标志着建设交通强国已经由行业愿景上升为国家战略，也为综合交通运输体系发展提出了更高的要求。经过改革开放40年的接续努力，我国已经成为名副其实的交通大国。2019年4月，国家启动编制《国家综合立体交通网规划纲要（2021—2050年）》，综合立体交通网是我国交通基础设施最高层次的空间网络，是综合交通运输体系的基础，以指导未来一段时间的交通基础设施建设工作。随着互联网、大数据、云计算、北斗导航系统等信息通信技术在交通运输领域的广泛应用，新技术、新业态、新模式不断涌现，在充分考虑资源和环境约束条件下，优化运输资源配置，实现各种运输方式优化衔接、协调发展，成为运输领域的发展方向。加快推进现代综合交通运输体系的建设，将是未来一个时期我国交通运输业发展的战略任务。

第二节 运输结构概念

运输结构与综合交通运输体系发展密切相关，涉及铁路、公路、航空、水运、管道等多种运输方式。运输结构从字面上理解，可以简单认为是不同运输方式在某一个统计指标中所占的份额，比如在某区域货运总量为100万t，其中铁路运输量30万t（占总量的30%）、公路运输量50万t（占总量的50%）、航空运输量20万t（占总量的20%）。

本书给出了运输结构的定义：在给定的社会经济条件下，在综合交通运输体系中，不同交通运输方式在既定分类下的构成比例及相互关系状态。其中，不同交通运输方式具体包括公路、铁路、水路、航空和管道5种；既定的某种分类可以按照服务对象，将运输结构分为客运运输结构、货运运输结构，也可以从统计方式上，将运输结构分为投资运输结构（各种运输方式投资金额的构成比例）、运量运输结构（各种运输方式运量的构成比例）。

每种运输方式在运输结构中的占比可以用p_i来表示，具体计算公式如下：

$$p_i = \frac{d_i}{D} \tag{1-1}$$

式中，p_i是每种运输方式的运输结构占比；d_i表示第i种运输方式的运量或投资等指标；D表示所有运输方式的总运量或投资总和等指标；d_i与D在具体计算中选用同一个指标，例如都选取运量或都选取投资金额等。

第三节　运输结构调整必要性

运输结构调整既包括综合运输体系中各要素、各子系统及其环境等彼此相互制约综合发展，也包括各种运输方式间、内部各要素间以及其各环节间的衔接和配合等协调发展。通过运输结构优化，有利于充分发挥各种运输方式的比较优势，使其保持合理的发展比例，适应各类运输需求。规范运输结构调整绩效评价流程，制定运输结构调整绩效评价指标体系，对促进运输结构调整工作进程非常重要。

1. 是制定运输结构调整发展政策的重要依托

为贯彻落实党中央、国务院关于推进运输结构调整的决策部署，打赢蓝天保卫战、打好污染防治攻坚战，提高综合运输效率、降低物流成本，国务院办公厅印发了《推进运输结构调整三年行动计划（2018—2020年)》，并提出了铁路运能提升、水运系统升级、公路货运治理、多式联运提速、城市绿色配送及信息资源整合六大专项行动。通过对运输结构调整成效科学、客观地评价，管理部门可以掌握运输结构调整工作推进进程，得到正确的反馈信息，以及时制定政策解决运输结构调整工作中存在的问题与不足，为制定"十四五"期间运输结构调整相关发展政策提供决策支持。目前，亟须研究建立相应的评价指标体系。

2. 是客观评价运输结构调整工作绩效的有效途径

随着我国运输结构调整专项行动的持续推进，交通管理部门掌握了大量的交通信息资源，管理部门在采用同比、环比等方法对交通信息资源进行分析时，宜加强对获取的交通信息资源的综合利用，避免数据资源的浪费。因此，十分有必要建立一套可以衡量和评价运输结构调整工作成效的指标体系，以明确相关工作需要提高的方向。基于建立的评价指标体系，运用合理的评价方法可体现运输结构调整的综合成效，使行业主管部门掌握运输结构调整总体发展水平，可为其在开展相关决策分析时提供定量化的结论支撑。

3. 是为各地推进运输结构调整工作提供参考模式的必然需要

推进我国货运结构调整，发挥各种运输方式的比较优势，是实现货运业向集约化、规模化转型发展的有效途径，可以促进货运结构性治污减排。在我国运输结构调整工作实践过程中，各地结合自身的地区特点、交通环境及发展基础取得了一些较好的成效，形成了一些成功经验。因此，研究建立运输结构调整绩效评价指标体系，可以有效地整理和分析各地在推进运输结构调整工作中的成效和做法，供各地在推进工作中参考，使其能科学地制定本地区的发展目标和实施方案。

第二章

我国运输结构调整发展现状、经验与成效

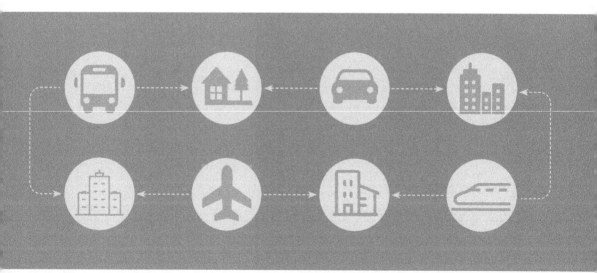

第二章
我国运输结构调整发展现状、经验与成效

第一节 我国运输结构调整的相关政策

1. 《推进运输结构调整三年行动计划（2018—2020 年）》

为贯彻落实党中央、国务院关于推进运输结构调整的决策部署，打赢蓝天保卫战、打好污染防治攻坚战，提高综合运输效率、降低物流成本，国务院办公厅于 2018 年 9 月 17 日印发并实施《推进运输结构调整三年行动计划（2018—2020 年）》。该行动计划以深化交通运输供给侧结构性改革为主线，以京津冀及周边地区、长三角地区、汾渭平原等区域为主战场，以推进大宗货物运输"公转铁、公转水"为主攻方向，不断完善综合运输网络，切实提高运输组织水平，减少公路运输量，增加铁路运输量。到 2020 年，全国货物运输结构明显优化，铁路、水路承担的大宗货物运输量显著提高，港口、铁路集疏运量和集装箱多式联运量大幅增长，重点区域运输结构调整取得突破性进展，将京津冀及周边地区打造成为全国运输结构调整示范区。

2. 我国运输结构调整其他相关政策

《推进运输结构调整三年行动计划（2018—2020 年）》发布以来，交通运输部与各相关部委积极出台了一系列支持保障政策。一是财政补贴方面。交通运输部会同国家发展改革委充分利用车购税和中央预算内资金，加大港口集疏运铁路投资补助，推动完善港口集疏运体系。江苏省设立运输结构调整专项资金，每年投入 1 亿元对内河集装箱运输给予专项补贴；浙江省台州、绍兴、嘉兴等城市，设立财政资金对货运"公转水"、码头建设、船舶购置等方面给予补助。二是铁路改革相关政策。交通运输部会同国家发展改革委等 5 部门在 2019 年 9 月印发《关于加快推进铁路专用线建设的指导意见》，明确了深入对接需求、同步规划建设、压缩办理时限、优化运输服务、拓宽资金渠道等 14 项重点任务。自然资源部将铁路专用线纳入占用永久基本农田审批范围，解决了用地审批环节的瓶颈问题。河南省自然资源厅建立了基本农田占补平衡省级综合统筹机制，对运输结构调整项目用地给予优先保障。唐山市设立蓝天基金给予企业投资建设铁路

专用线共计25.6亿元。三是加快实施综合激励政策。生态环境部门加强对工矿企业环保监管的力度,对采用铁路运输的生产企业按照错峰生产配额给予一定支持。河北省对唐山、邯郸等8个大气污染传输通道城市的钢铁、焦化等行业,实施秋冬季错峰生产绩效评价,对低排放、运输结构合理的企业,给予错峰生产豁免,对未按上述要求的相关企业,则采取提高限产比例的措施。

第二节 地方经验

1. 探索推进港口大宗货物"公转铁"

1)严格执行港口集疏运汽运管控政策

一是环渤海各港口严格执行禁止汽运煤炭集疏港相关政策,天津港自2017年5月1日起不再接收公路运输煤炭;山东省环渤海港口不再接收柴油车运输集疏港煤炭;河北省环渤海港口不再接收柴油车运输煤炭。

二是部分港口对疏港矿石汽运也提出了管控措施,如唐山市规定在重污染天气二级及以上应急响应期间,可根据预警等级,禁止公路疏港矿石车辆进出港区和钢铁企业。

2)出台政策引导企业选择铁路运输

一是出台鼓励性政策,将运输结构调整与错峰生产任务挂钩,即对采用铁路运输的钢铁企业增加生产配额。如唐山市出台《唐山市钢铁行业2018年非采暖季错峰生产方案的通知》,明确对符合环保标准要求采用铁路运输的钢铁企业,分解错峰生产任务时可依据企业原燃料铁路运输比例予以配额支持;同时出台《关于推进钢铁企业利用铁路运输唐山港疏港铁矿石相关政策的补充说明》,积极支持和督导暂未通达铁路专用线但可就近依托既有铁路站(货)场的钢铁企业,利用"铁路+短途汽运"方式运输疏港铁矿石进厂。

二是出台限制性政策,明确规定生产企业原材料和产品的铁路运输比例要求。如邯郸市制定了《关于公路运输转为铁路运输工作任务目标的通知》,分类提出了全市30家重点企业大宗原料铁路运输比例的下限值;邢台市出台《邢台市2018年大气污染综合治理工作方案》，对处于主城区及周边有铁路运输能力区域的企业，实施"以运定产"，原则上不再使用重型货车运输主要原材料和产品。

2. 探索形成公路货运治理长效机制

1) 强化公路货运行业治理

一是加强治理车辆超限超载，避免车辆超载危害公路运输安全和助长公路运输低价竞争，引导公路运价回归合理水平。交通运输部印发了《2018年全国治理车辆超限超载工作要点》，要求着力推进规范执法，强化部门联合执法，强化源头和信用治超，强化科技治超，强化保障机制。各省市也相应做了工作部署，如辽宁省成立了省治超车辆超限超载工作领导小组办公室，印发了《辽宁省货物运输车辆超限超载治理条例》，编制了《辽宁省治理货运车辆超限超载联合执法实施方案》，全面推进公路运输超限超载治理，促进公路货运规范化、集约化运行。

二是采用财政政策加快推动老旧高排放货车淘汰更新。如2017年北京市政府印发的《北京市促进高排放老旧柴油货运车淘汰方案》，对提前报废或转出国Ⅲ排放标准货车予以补贴，报废单车最高补贴10万元；《北京市促进绿色货运发展的实施方案（2016—2020年)》提出构建"绿色货运企业认定制度"，鼓励货运企业使用清洁车辆，获得资格企业可根据污染物减排量申请财政资金奖励并优先获得城区货运通行证。

三是加强柴油车监管，促进车辆尾气治理。如山东省对省内7个通道城市现有的11.4万辆国Ⅲ重型柴油车进行重点管控，淘汰不达标车辆1.59万辆；天津市组织全市4722辆中型、重型货车加装尾气颗粒物捕集装置，并补贴资金6600万元。

2) 推广先进运输组织方式

一是推进发展甩挂运输。除交通运输部公路甩挂运输已有的4批试点项目专项资金支持外，各省市还配套相关政策促进甩挂运输发展，如河南省实施甩挂运输车辆通行费优惠政策，对国家确定的甩挂运输试点企业的甩挂运输车辆给予减免高速公路通行费30%的优惠。

二是积极开展无车承运人试点工作。交通运输部于2016年印发了《关于推进改革试点加快无车承运物流创新发展的意见》（交办运〔2016〕

115号），在全国共筛选确认了283家企业开展无车承运试点工作。各省市积极配合，创新发展模式，如河南省积极探索"无车承运＋货源企业"与"无车承运＋电子商务"的模式，通过制定相关政策，使得无车承运试点的税负由10%降至5%左右；浙江省代交通运输部开发了全国无车承运人监管平台，制定了试点申报、系统互联、数据监测、运行考核等全链条管理办法，大量的个体经营业户通过在无车承运物流平台等信息平台上进行注册，与大中型运输企业建立合作关系。

3. 探索提升铁路货运服务水平的路径和方法

1）加快建设铁路专用线

政府牵头积极推进企业、港区铁路专用线建设，解决铁路运输"最后一公里"难题，提高铁路服务水平，降低铁路运输成本。交通运输部印发了《"十三五"港口集疏运系统建设方案》，规划了95条港口集疏运铁路建设项目，并安排车购税专项资金支持。唐山市制定了《唐山市钢铁企业铁路专用线建设专项行动方案》，拟按"改造提升一批、建成投运一批、搬迁配套一批、物流站场连接一批"的思路，在全市30家钢铁企业，全面启动铁路专用线项目建设和提升改造工作。天津市规划建设20条港区企业铁路专用线，包括天津陆路港物流装备产业园（西堤头）、唐官屯加工物流园等专用线项目，努力打通"最后一公里"。

2）鼓励铁路组织模式创新

铁路总公司鼓励创新运输组织模式，提高运输服务效率，提升运输服务水平。如济南铁路局集团积极发展"重来重回"业务模式，开通日照港至山西侯马、清涧的两条"重来重回"铁路班列，班列从港口运输铁矿石至钢厂，卸空后装焦炭集港，有效降低了客户物流成本；沈阳铁路局集团发展外贸粮食"散来箱走"模式，从大连铁路集装箱中心站以班列形式直接调运铁路专用空箱至大连港，将船运散装粮食装箱发运班列北上至目的地。

3）积极拓展货运市场

一是铁路总公司积极与各地签订运量互保协议，提高铁路货运量。2018年铁路总公司与1014家大型企业进行了协商对接，已确定或达成意向的互保运输协议货运量超过20亿t。其中北京铁路局集团主动与邯郸市、唐山市、沧州市分别签订了《路地港企绿色物流模式三年行动计划》《加强唐山地区铁路集疏港运输战略合作的框架协议》与《加强黄骅港铁路集疏运合作的框架协议》，在这些政策框架下，北京铁路局集团与钢铁、煤炭等企业签订运量互保协议，统筹产品外发和原材料、燃料到达，在空车安排、机力配置、计划装车等方面优先保障客户运输需求，为企业选择铁路运输创造有利条件。

二是铁路总公司与港口合作，共同拓展客户范围。如与青岛港集团合作，联合走访北京、山东、河北、河南、山西、甘肃等地的矿石、煤炭及贸易商客户，沿铁路线相继开发了河北敬业钢厂，河南安阳永兴钢厂、新浦钢厂，山西太原钢厂、长治钢厂、建龙钢厂、安泰钢厂，甘肃酒泉钢厂等钢铁企业运输客户，实现路、港、贸、企的多方共赢。

4. 探索推动水路运输服务提档升级

1）加强铁路在港口集疏运体系中作用

建设完善港口铁路末端集疏运体系是实现铁水联运的基础工作，各地港口均已开展相关工作。大连港铁路专用线基本延伸至码头堆场，有力地促进了大连港大宗货物铁路集疏港和集装箱铁水联运；山东省规划建设8条货运铁路，解决临港产业货物集疏运及集疏运后方通道问题。唐山港通过推进唐曹铁路、水曹铁路建设推进疏港铁矿石"公转铁"；天津港开工建设南疆矿石铁路专用线，其他港区铁路专用线正加快启动建设程序。南京港与上海铁路局集团签订战略合作协议，南京北站铁路连接线直接与浦口港区铁路专用线接轨，联运货物在南京北站内编组，铁路运行纳入中国铁路总公司统一调度，减少了公路短驳成本。

2）大力发展江海直达、水水中转运输

在长三角地区充分利用其通江达海的自然地理条件，引导公路运输向水路运输转移，通过制定政策、组织行业研究、资金扶持等措施大力推进江海运直达、水水中转运输。如江苏省制定了本地的江海运直达运输相关政策，组织开展了《江苏省特定航线江海直达运输发展研究》，积极推动"一单制"联运服务，切实提高运输组织效率；浙江省加快完善江海河联运体系，推动优化大中小船型泊位布局，加快江海直达船型研发，舟山市率先建成全国首艘江海直达散货船，并于2018年初投入使用；上海市出台了《上海国际航运中心建设专项资金管理办法》和配套实施细则,对长江支线集装箱班轮业务、长三角内河水运业务、江海联运业务进行扶持。

5. 探索推动多式联运加快发展

1) 各地多式联运发展成效初显

一是各地积极参与多式联运示范工程创建。2015年,交通运输部与国家发展改革委联合组织开展了多式联运示范工程,目前已有两批46个多式联运示范工程项目,示范工程在运输组织模式创新、信息互联互通、装备研发应用等方面先行先试,取得初步成效。

二是各地港口积极推进铁水联运。交通运输部与铁路总公司自2011年推进铁水联运以来,形成了以大连港、天津港、青岛港、连云港港、宁波港、深圳港为龙头的铁水联运服务通道,铁水联运市场呈现良好发展势头。近年来,集装箱铁水联运量年均增速保持在10%以上。

三是积极创新提高多式联运效率。大连港开展"直装直卸"作业模式,可实现车船直取作业,减少了两次吊装环节和港作费用,提高多式联运效率,实现降本增效。青岛港与海关合作,开展港站一体化运营的铁路运输监管新模式,使铁路运输集装箱的通关便利化水平大大提高。

2) 鼓励市场主体创新经营模式

一是大型运输企业积极拓展多式联运业务。铁路总公司积极谋划集装箱多式联运、冷链物流和商品车物流等业务板块,实施"总对总"战略,即加大"供给侧"改革力度,主动出击,与家电、食品饮料、医药等行业联合开展的一种互惠双赢的战略合作。各地铁路局依托自身资源优势加强与地方货主企业、港口和第三方物流等企业合作,创新联运服务产品,积极打造高铁快运、冷链物流等服务品牌。郑州国际陆港公司、成都国际陆港公司等努力开拓国际联运市场,推行"一单制""一票式""门到门"全链条联运服务。上海、宁波、武汉等沿海和内河港口企业主动开拓多式联运业务,不断增强港口联运服务功能。

二是灵活应用市场机制解决瓶颈问题。铁路运能不足是多式联运的瓶颈问题之一,大连港散粮码头公司与沈阳铁路局集团签订资产和运营合作协议,散粮码头公司自备购买的铁路机车,在运营20年后将无偿交给沈阳铁路局集团,而沈阳铁路局集团则免收散粮码头公司20年运营期内自备机车的检修维护费用以及"重去空回"运营期间"回空"的国铁网运费,解决了高峰期国铁运能不足时的港口粮食铁路集疏运问题,同时也大大减轻了港口的运营成本。"门到门"全链条服务是多式联运的发展目标,营口港与沈阳铁路局集团、哈尔滨铁路局集团、辽宁红运物流(集团)共同组建了辽宁沈哈红运物流有限公司,彻底解决了铁水联运"最后(最初)一公里"的问题,有效打通了多式联运各个环节以及不同运输方式间运营组织不畅的问题,为客户量身定制"公路运输+铁路运输+海运订舱"等全程物流方案,已经成为兼具无船承运、无轨承运、无车承运、场站经营等功能于一身的"四位一体"的全程多式联运经营单位。

3)鼓励创新推动多式联运

一是信息互联互通工作加快推进。信息资源加快整合,连云港建成了海铁联运示范工程EDI数据交换中心,实现铁路、港口、海关、商检及口岸物流企业之间跨系统、跨区域的数据交换和信息共享。多式联运智慧平台稳步建设,位于浙江的国家交通运输物流公共信息平台实现了从省内、国内到国际的跨越发展,已有1万多个物流信息系统互联互通,日均信息交换量达到100万条。江苏省建设了省级多式联运信息平台,可获取上海铁路局集团下行的信息数据资源,逐步实现港口、铁路、口岸等相关部门及船代、货代、理货等相关市场主体的系统对接和信息共享。太原铁路局集团积极推进物流云平台建设,将云计算和大数据应用到多式联运运输组织中,为货源配比、数据采集和运载工具调度等提供精确支撑。

二是加快多式联运装备研发及推广应用。中车集团加强与相关企业合作,加快研发驮背、冷藏等专用联运装备,以及滚装滚卸式、吊装作业式等型号的多功能联运车辆。

6. 探索发展城市绿色配送

1)搭建城市绿色物流体系

一是探索构建"绿色联运"的城市物流配送体系,即在物资原产地、城外中央仓、市内周转仓之间,通过统一信息平台和标准化的装卸机械、包装器具、仓储设备,实现铁路完成干线运输,市内共同配送的完整绿色物流体系。大连市开展冷链运输海运—铁运—城市配送试点,对现有铁路冷藏集装箱运输车辆进行改造,依托大连铁路集装箱中心站、南关岭铁路物流中心进行分拨，实现干线铁路运输、城市共同配送模式。北京市初步提出建设"外集内配、绿色联运"的城市物流配送体系，"外集内配"是指在城市外围设置中央仓，实现物资的聚集、交易、仓储、分拣等，由铁路进行运输，在城市内部按不同区域设置周转仓，各供应单位共享周转仓资源。

二是推进城市共同配送，提高运输效率。陕西省2016年起草了《陕西省城市配送（车辆运输）管理办法》，重点解决城市配送企业进城难、停靠难、作业难等困扰城市配送的焦点问题，积极鼓励搭建统一的城市配送平台，以经济的方式完成物流配送的"最后一公里"。浙江省鼓励企业探索和创新"互联网+"城市配送模式，杭州市传化慧联公司通过"互联网+"模式，将上游整车、充电桩运营商、车联网服务商，下游公司内部的公路港城市物流中心，外部的快递、电商、第三方物流企业等产业资源整合在一起，形成人、车、货闭环的城市绿色配送生态体系。

2）鼓励新能源城市配送车辆推广应用

各地为鼓励城市配送领域使用新能源车辆，出台了一系列通行权优惠和运营补贴政策。例如深圳市出台《关于实施新能源纯电动物流车通行管理办法的函》，要求车辆进行电子备案并安装RFID电子标签，可以享受通行优惠政策；轻、微型货车不用再办理临时通行证；给予全时段、全路段的通行优惠。成都市印发的《成都市支持新能源车推广应用的若干政策》提出，在中央财政补贴的基础上，对在本市注册登记的新能源汽车新车，按中央财政单车补贴额的50%给予市级配套补贴；新能源汽车在市域内出行不受尾号限行限制；逐步取消发放燃油货运车辆入城证，纯电动城市物流配送车入城不受限制。

第三节 我国运输结构调整实施效果

2021年是实施《推进运输结构调整三年行动计划（2018—2020年）》之后新的开局之年，根据数据显示，2020年全年货物运输总量463亿t，货物运输周转量196618亿t·km。全年港口完成货物吞吐量145亿t，比上年增长 4.3%，其中外贸货物吞吐量 45 亿 t，增长 4.0%。港口集装箱吞吐量 26430 万 TEU（标箱），增长 1.2%（见表 2-1）。

2020 年各种运输方式完成货物运输量及其增长速度　　表 2-1

指　　标	单　　位	绝　对　数	比上年增长（%）
货物运输总量	亿 t	436.4	-0.5
铁路	亿 t	44.6	3.2
公路	亿 t	342.6	-0.3
水运	亿 t	76.2	-3.3
民航	万 t	676.6	-10.2
货物运输总周转量	亿 t·km	196618.3	-1
铁路	亿 t·km	30371.8	1
公路	亿 t·km	60171.8	0.9
水运	亿 t·km	105834.4	-2.5
民航	亿 t·km	240.2	-8.7

总体上看，目前运输结构调整大部分目标任务完成情况符合《推进运输结构调整三年行动计划（2018—2020 年)》预期，进展情况良好。主要目标任务完成情况如下：

1）铁路运输结构调整发展情况

截至 2020 年底，铁路货运量比 2017 年累计增长 6.94 亿 t，完成 3 年增量目标 11 亿 t 的 63.1%，还有 4.06 亿 t 缺口。其中，国家铁路货运增量 5.67 亿 t，完成 3 年增量目标 8 亿 t 的 70.9%；国家能源集团铁路货运增量 2220 万 t，完成 3 年增量目标 1 亿 t 的 22.2%；其他铁路（含地方铁路和非控股合资铁路）货运增量 1.05 亿 t，完成 3 年增量目标 2 亿 t 的 52.7%。

2）港口运输结构发展情况

2018—2020 年，水路货运量累计增长 9.38 亿 t，超额完成预期目标。环渤海、长三角地区的沿海主要港口和唐山港、黄骅港等 17 个港口，煤炭集港已全部改为铁路和水路运输；矿石、焦炭等大宗货物铁路和水路疏港比例由 2017 年的 46.9% 增长至 2020 年的 59.3%，提高了 12.4 个百分点，大部分港口已完成《推进运输结构调整三年行动计划（2018—2020

年)》提出的到 2020 年采暖季前"原则上主要改由铁路或水路运输"目标。

3）多式联运发展

截至 2020 年底，前三批 70 个多式联运示范工程完成多式联运量 180 万 TEU，其中 12 个项目正式被授予"国家多式联运示范工程"称号。2018—2020 年港口集装箱铁水联运量累计增长 48.1%，远远超出《推进运输结构调整三年行动计划（2018—2020 年）》提出的"年均增长 10% 以上"的目标。

4）公路运输结构调整发展情况

超限超载治理取得明显成效，高速公路货车入口称重检测全面实施，99% 的普通公路超限检测站已实行联合执法，高速公路平均超限超载率降至 0.68%，普通国省干线公路严重超限超载得到有效遏制，按时完成《推进运输结构调整三年行动计划（2018—2020 年）》目标。

5）邮政运输结构调整发展情况

邮政快运围绕提升"效率效能"两大目标，在优化运输结构、推动绿色发展方面取得了阶段性成果。一是铁路运输邮件的快件占比不断提高，京沪、京广开设点对点固定运输邮件快件班列，努力形成 1000km 以上长距离以铁路为主的行业运输格局。二是推广新能源车辆应用，新能源汽车在快递末端服务和市内短驳中广泛应用，成为破解城市快递车辆上路难、通行难问题的重要手段。全行业新能源汽车保有量突破 4.6 万辆，进一步实现减少碳排放目标。三是注重先进科技赋能，全国投入使用大型快件自动化分拣中心 374 个，分拣效率提升 50% 以上。智能快件箱、无人仓、无人机、无人车等技术装备广泛应用，极大地提升了全网的运营效率。

第三章

国外典型做法与经验借鉴

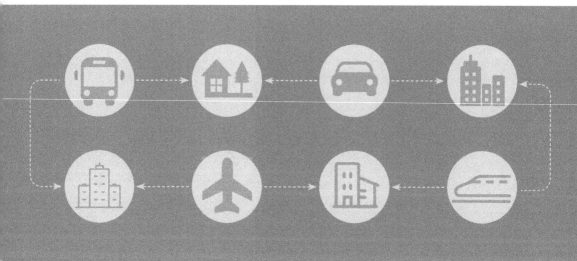

第三章 国外典型做法与经验借鉴

第一节 瑞士

瑞士地处欧洲中部，素有"欧洲屋脊"之称，中南部的阿尔卑斯山脉占瑞士总面积的60%。近年来，阿尔卑斯山脉的生态系统受到气温升高的影响，导致山区大面积冰雪和冻土融化，生态系统日趋脆弱。此外，气候变化会造成洪水泛滥、水源污染甚至疾病流行，极端天气事件则会导致人员伤亡和财产损失。为扭转气候变化导致的危险局面，瑞士根据交通运输方式的特点，基于瑞士实行大交通管理体制，推动实施阿尔卑斯山货运走廊建设，着力提高铁路运输在整个货物运输中的比例，以此构建生态、经济和社会可持续发展的交通运输新模式。

1. 以立法形式制定"公转铁"政策

"阿尔卑斯山倡议"的颁布是瑞士货物运输"公转铁"的开始。"阿尔卑斯山倡议"规定穿越阿尔卑斯山的货运从公路转移到铁路。1994年瑞士将"阿尔卑斯山倡议"纳入联邦法律，强制规定要降低瑞士全境国内与国外货车与半挂车的通行数量。作为一部支持瑞士公路运输转向铁路运输的法律性文件，该法案充分发挥了铁路在货物运输领域的主导作用，该法案实施后，通过阿尔卑斯山的铁路货运量由原来的14%提高至70.5%。

2. 设立铁路基础设施建设专项资金

为确保铁路项目建设资金使用规范，瑞士将融资办法写入联邦宪法中的专门条款，对铁路基础设施包括铁路线的现代化改造和跨越阿尔卑斯山的铁路新线建设的融资进行了规定。1998年瑞士设立Fin PTO专项基金以确保新阿尔卑斯山铁路干线和其他3个铁路工程的项目融资，其融资渠道包括重型车购置附加费（50%）、国外公路承运人通过瑞士的中转费（10%）、燃油税（10%）以及增值税（30%）。此外，自2001年起，瑞士对全境所有3.5t以上的货车征收通行费，其中2/3将拨付给铁路基础设施基金（RIF），由该基金向铁路建设基础设施项目转拨建设款项。

3. 改善铁路运营方式

瑞士积极改善铁路运营方式，增加货运列车班次密度，提高铁路运行速度，在不断提升铁路运输服务水平及能力的同时，还对运价进行持续优化，有效降低其营运时间和成本，使得瑞士铁路运输成本与公路运输成本趋于相同水平，尤其在阿尔卑斯山南北货物运输的时间上铁路运输更占优势，极大提高了铁路运输的竞争力。

4. 开放铁路货运市场

为开放铁路货运市场，瑞士与欧盟其他国家签订了《陆路运输协议》，这标志着瑞士的运输政策开始与欧盟接轨，同时完全放开了其货运市场，向第三方铁路经营企业开放铁路网络，以增加铁路运输竞争力。欧盟非常认可瑞士对货物运输结构调整的目标和方式，尤其是对重型载货汽车收费系统的制定及执行给予了高度肯定。

5. 增加公路运输相关税费

为限制重型货车公路运输的不断增长，鼓励货物运输公转铁政策的实施，瑞士建设了重型载货汽车收费系统，对重型货车征收通行税。重型货车征收通行税是对瑞士全境所有 3.5t 以上的货车（包括在瑞士行驶的外国车辆）按照行驶里程数、载货量以及有害气体排放量综合计算后纳税。同时，瑞士政府对公路货运车辆实行严格的安全监管，对其每天的驾驶时间进行限定，规定每晚 0 点至次日 6 点期间的 6h 内重型货车禁止行驶。

6. 鼓励多式联运发展

瑞士政府对开展无车承运人企业和开展驮背运输的企业提供运营补贴和投资补助，以推进无车承运人和驮背运输的发展。瑞士政府将补贴计划由原来的 2023 年延长至 2026 年，同时在 2024 年至 2026 年期间，额外给多式联运经营人补贴 9 千万瑞士法郎（8220 万欧元）。2018 年瑞士政府统计数据显示，瑞士在铁路设施上的投入达到人均 365 欧元，远远超过邻国德国和奥地利。

第二节　美国

1. 出台多式联运地面交通运输效率法案

多式联运地面交通运输效率法案于 1991 年 12 月 18 日正式生效，其核心目的是推进综合运输体系发展，提高交通运输效率，以适应不断变化的运输需求，创造就业机会、减少拥堵，改善或重建交通基础设施系统。法案中明确提出要"建设经济、高效、环保的国家综合运输系统，作为美国参与世界经济竞争的坚实基础，同时以高效节能的方式运输人员和货物"。

多式联运地面交通运输方案正文部分包括 8 个章节，分别是地面运输系统、公路安全、联邦公共交通修正法案、汽车运输法案、多式联运、科学研究、航空运输、公路有关税收及公路信托基金的拓展。以多式联运为例：主要包括 3 个方面：一是在联邦运输部内成立多式联运办公室，负责维护和发布多式联运相关数据，协调部内有关部门开展研究工作。二是为各州编制多式联运规划及模型研究提供 300 万美元的资金支持，同时要求这些规划中必须包括数据收集系统。三是成立国家多式联运委员会，负责研究联运标准化工作现状，多式联运对公共工程建设的影响，高效多式联运系统、财务问题及新技术的法律障碍，以及多式联运与提高生产力之间的关系。

2. 制定"放松管制、改革监管、制度创新"政策

放松管制和改革监管有利于释放创新活力，20 世纪 80 年代美国国会陆续通过斯塔格斯铁路法、公路运输法等法案，对交通运输业的规制内容和监管方式进行了重大调整和改革。一方面，取消了对铁路运输准入、运费定价、州际公路货车运输等方面的限制；另一方面，解散了负责交通运输监管的州际贸易委员会（ICC），在美国交通部（DOT）下设地面运输委员会（STB），对交通运输安全和运营管理方面进行规制和监管。上述改革措施有效地促进了各种运输方式、物流服务之间的相互竞争和合作，为美国物流产业创新发展提供了重要的制度保障。

推进制度创新为物流创新开辟了更大空间，一方面在新的国家运输政策中引入新的制度安排。如建立了"运输中介"制度，确立了多式联运、第三方物流服务、供应链管理企业与传统运输企业具有同等的法律地位，为罗宾逊公司等大型物流企业提供了全新发展机遇。另一方面，为物流创新设立专项制度。如出台多式联运地面运输效率法案，成立联邦多式联运办公室，为推进联运标准化、破除联运法律障碍、建立了联运统计和信息交换制度等一系列制度，有力地推动了经济、高效且环保的多式联运体系

发展，为加快物流创新和提高效率奠定了制度基础。

3. 完善物流节点支持与建设

美国交通部对全国港口、机场、货站等进行了全面评估，最终确定了全国517个物流节点，其中机场作为物流节点的数量达到99个，但政府财力有限，也不可能大规模出资对物流节点进行改造，因此针对物流节点设施改造的一揽子融资计划陆续出台。如政府通过税收手段筹集专项建设资金，市场主体通过发行债券和贷款达到融资的目的，通过多种手段的应用，发挥了政府和市场主体的各自优势，充分解决了融资问题。

为解决港站、货场、集散站等之间衔接不畅的问题，美国修造了立体化的货运通道，通过货运火车入地直通港口码头工程，不仅使得铁海联运实现无缝衔接，也大大缓解了港口公路交通堵塞问题，使运输成本、装卸作业成本和在港时间大大降低，并减少了城市噪声，提高了整体运输服务质量。除了物流基础设施节点之间的完善，美国物流部门还加强对IT技术的应用，通过一些示范性项目，逐步在全行业进行大规模推广。充分利用智能系统架构和技术，如GIS、物联网等加强货物的识别，确保运输模式之间转换的兼容性，达到了对货物全程跟踪和安全控制的目的和效果。

第三节 欧盟

从20世纪末开始，欧盟的公路交通状况日益恶劣，许多地区的交通干道出现了严重的交通拥堵，交通运输方式发展也不协调，可持续交通发展形势极为严峻。在这一背景下，欧盟开始重视多式联运的环保节能优势。欧盟交通委员会作为欧盟各成员国、各种运输方式的综合协调机构，不断地从欧盟全局高度和具体实施层面制定一系列多式联运政策，包括颁布交通政策白皮书、出台物流运输行动计划，建立通用准则等。

1. 颁布欧盟交通政策白皮书

2001年12月，由欧盟交通委员会组织制定，欧盟委员会颁布的《面向2010年的欧盟交通运输政策：时不我待》交通白皮书，提出要发挥各种运输方式各自优势的发展战略，多式联运逐渐成为欧盟交通政策的主要鼓励方向。这部白皮书将平衡各种运输方式的作用作为欧洲交通发展的一个主要目标,建议合理地管理不同运输方式之间的竞争;建议开放铁路货运市场以促进铁路复兴;促进港口与铁路、内河航道、沿海航线连接的通道建设;推动多式联运服务项目的启动等。2006年6月,欧盟对2001年的交通白皮书进行了中期评价和修订,更加重视货物运输向环保运输方式的转移,尤其是在长距离和拥挤的交通干道上。而铁路运输方式由于具有较强的环保性得到了更加明确的政策倾斜,如制定政策促进铁路物流的发展,推动先进的IT技术开发以促进铁路的智能货运等。中期修订还指出,欧盟将不断通过公路运输的"外部成本内部化"措施,促进公路货运价格的合理化;政府应注重与多式联运参与人之间的合作和沟通,帮助修改和简化多式联运流程,促进多式联运服务链的整合。白皮书的中期修订为欧盟多式联运的持续发展注入了新的动力,促进了铁路和沿海运输基础设施与服务水平的持续提升。

2011年3月,欧盟出台的最新交通白皮书《通往欧盟统一交通系统之路:建立更有竞争力、能源使用效率更高的交通系统》中指出,在2050年前进一步促进可持续运输方式的发展,将温室气体排放量较1990年降低60%。白皮书还主张让铁路承担更多的运输量,要求提高多式联运运输链的服务水平,在中长距离货运方面提高铁路运输市场份额等。白皮书要求,在2020年之前,建立欧盟多式联运的管理和支付信息系统的框架体系;在2030年之前,要求有30%的公路货运转移到铁路和水路方式上,在2050年之前要达到50%;同时不断完善各种运输方式的"外部成本内部化"的定价和收费机制。2011年的交通白皮书为欧盟多式联运的发展提供了新的指导方针,势必会导致更多的多式联运优惠政策出台。在这些交通白皮书的指引下,欧盟交通委员会及各成员国政府不断出台政策,促进多式联运的持续发展。

2. 出台《物流运输行动计划》

为了促进多式联运的发展,同时从物流的角度提高欧洲运输系统的效率。2007年,欧盟出台了《物流运输行动计划》,这是一个中短期的行动计划,其中与多式联运相关的主要有电子货运和智能交通系统、物流运输的可持续发展与效率两大方面。

在电子货运和智能交通系统方面,《物流运输行动计划》提出网络货物和电子货物的概念,并强调智能交通系统对交通运营的促进作用。《物流运输行动计划》要求尽快找出发展电子货运和智能交通系统在物流运输方面的瓶颈,使网络货物的发展标准化,在2009年前完成ITS应用于物流运输的发展框架,包括监控危险货物和牲畜运输、追踪定位和数据地图等;在2009年前完成货运信息数据集合的指令授权工作;在2010年前建立物流运输信息流的标准,确保各种交通方式信息资料的集中和互操作,提供一个开放的、稳健的信息平台,保证用户与管理者以及管理者之间的数据流通与共享。在物流运输的可持续发展和效率方面,《物流运输行动计划》要求建立一个综合性的指标体系,量度和考核物流运输链的绩效,通过这个指标体系促进货运向更加环保的运输方式转移;建立一套综合性评价多式联运枢纽的衡量标准,评价多式联运枢纽的绩效情况等。《物流运输行动计划》明确了欧洲在物流运输方面促进多式联运发展的工作方向,特别表现出对多式联运信息化的重视。

3. 出台《成员国之间建立联合运输通用准则指令》

欧盟在1992年出台了《成员国之间建立联合运输通用准则指令》,并在2006年对其进行修订。指令定义了联合运输的标准含义,对联合运输的公路段、主运输段和运输环节均作出详细规定,如必须使用铁路或水路运输超过100km;多式联运货物必须由距货物起终点最近的铁路车站装卸;使用水路运输时,公路运输距离必须低于150km等。

指令重点要求成员国采取政策措施支持联合运输发展,为符合"联合运输"定义的始末端公路运输提供税收优惠和资金补贴,放宽从事联合运输的标准,鼓励公路货车为多式联运进行接驳运输。例如,在一国取得从事跨国营运资格的承运人有权利使用联合运输的方式进行货物运输;当货车从事联合运输时,成员国对消费税、车辆购置税、道路使用税、重型车辆税、特殊车辆税等税项应该有所减免或按照一定的标准补偿;从事联合运输中始末端运输的公路货运车辆要免除强制关税管制;从事联合运输的拖车和半拖车也可以享受同样的免税待遇。对始末端公路运输的免税和补助由车辆注册国实施,而免税和补助的标准可以根据货物在本国铁路或水路上的运输距离制定,当然也可以考虑全程的铁路或水路运输距离。原来多式联运政策大多是提高多式联运的运营效率和服务水平，而这一指令开始转向为多式联运使用者提供更加直接的政策支持和税收优惠，减少使用者成本，吸引更多的中长距离货物运输转向多式联运。

4. 实施马可波罗计划

马可波罗计划是根据 2003 年 9 月《共同运输政策白皮书》制定的。白皮书提出，短途海运、铁路运输和内河水路运输应成为发展多式联运的关键要素，作为实现均衡运输体系的切实有效手段。如果不采取行动，公路货运量将急剧增长，导致道路基础设施成本增加，事故数量增加，交通拥堵加剧，区域和全球污染将加剧。在这一背景下，马可波罗第一期计划（2003—2006 年）成立，并提供了 1.02 亿欧元的预算，以支持旨在将预计增加的 480 亿 t 货运量从公路转移到短途海运、铁路和内河水道，或转向公路行程尽可能短的多种运输方式。马可波罗计划是欧盟为了调整货运结构，治理交通拥堵，促进多式联运发展而采取的货运补助政策。

马可波罗计划肯定了铁路和水路运输方式的环境效益，是欧盟促进多式联运发展的最直接有效的举措。马可波罗计划主要是通过促进货运向更环保的运输方式转移，以抑制公路货运带来的交通拥堵，并改善交通系统的环境效益。具体的资助范围分为以下几类：

（1）货运从公路转移到铁路或水路运输方式；

（2）促进货运从公路转移到铁路或水路运输的行动；

（3）主要港口间的海上高速公路项目；

（4）关于运输方式转移知识学习的项目。

马可波罗计划的资助是以直接补贴的形式实行的，每年的资助预算约为 6000 万欧元，旨在每年转移约 200 亿 t·km 的公路货运量。马可波罗计划的补助标准和条件都有严格的规定，只有符合一定条件的项目才能获得规定比例的补贴，而资助数额的确定主要是基于运输方式转移后所避免的货车公里数，具体的补贴比率有基于吨公里、立方米公里、货车公里等几种形式。资助的时限一般为 3~5 年，当项目能够自负盈亏时将停止资助，而资助的上限一般不超过运输成本的 35%。2003 年至 2012 年期间，马可波罗计划共发放了 172 笔赠款，为 650 多家公司提供了财政援助。

第四节　国外经验与启示

1. 运输结构调整需要政府主导、多方联动

在运输结构调整方面，欧盟首先制定总体纲领，接着部署行动计划，然后制定标准规范，最后提出支持政策。可以看出，为了实现运输结构调整的目标，欧盟制定和实施了一系列的措施和方案，同时政府在运输结构调整的过程中发挥了主导作用，不仅通过强制立法手段来推进，而且还采用了资金补助、税收减免等财税手段。因此，借鉴国际经验，我国调整运输结构，推进"公转铁""公转水"也需要从顶层设计、行动方案、支持政策、标准规范到后期追踪及评价等多方面统筹考虑，同时需要政府发挥主导作用，采用立法、财税等多种手段，多方联动实现最终系统优化的目标。

2. 运输结构调整是一个不断推进、逐步优化的过程

欧盟推进运输结构调整的马可波罗计划是分阶段实施的，在实施的过程中补助范围和补助标准均发生了调整和优化。借鉴欧盟经验，我国运输结构调整也应当分步骤、分阶段进行：一是在空间范围上可以选择典型区域先行先试，然后再在全国范围内进行推广；二是在调整路径及目标制定上，可以分期实施，近期在实现刚性指标上下功夫，远期在突破制度瓶颈、技术壁垒和组织障碍等治本方面用实力；三是在政策制定上，可以在实践中结合我国国情进行优化和调整。

3. 运输结构调整与综合交通运输体系建设相辅相成

典型国家在运输结构调整的过程中均依据本国国情，统筹协调各种运输方式，大力发展综合运输体系，并着力提升多式联运服务水平。例如，欧盟在其各种运输方式运输网络初具规模后，把发展多式联运作为集约利用资源、缓解交通拥堵、促进节能减排以及解决综合运输结构不合理等系列问题的主要路径，并最终形成各种交通方式优势互补、协调衔接的综合运输体系。因此，我国运输结构调整也要以构建安全、便捷、高效、绿色的现代综合交通运输体系为目标，重点推进多式联运发展，并以放松铁路

市场管制、制定合理运价机制等为切入点,全方位高质量地推动运输结构调整。

4. 运输结构调整要推动形成公铁水合理的比价关系

20世纪70年代末,美国国会通过斯塔克斯法,开始放松铁路运价的管制,允许铁路公司与客户协商定价,到了20世纪90年代,随着美国铁路运价市场化运作、地面运输局取代州际贸易委员会,1995年开始对铁路运价全面放开。德国、法国等国家也采用市场化定价机制,铁路企业可根据市场供求对定价进行调整。因此,我国运输结构调整,也首先需要政府放松对铁路的管控,推动形成铁路企业市场化的灵活定价机制,从而促进铁路、公路、水运之间形成合理的比价关系,合理的比价关系是影响不同运输方式选择的核心问题。

第四章

运输结构绩效评价理论基础

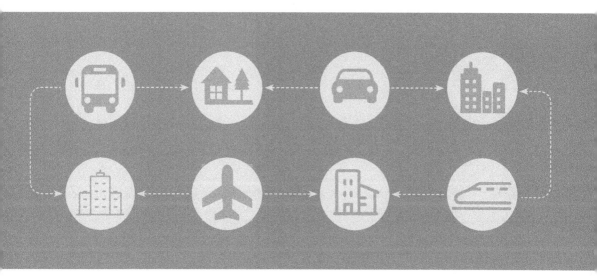

第一节 各种运输方式技术经济特征分析

1. 铁路运输

交通运输为国民经济服务，主要体现在最终实现产品流通，增加生产者的经济价值。面对经济全球化的大环境，如何从我国经济发展大战略的角度，根据我国的资源特征发展和优化我国的综合运输体系，在不断提高对运输需求适应度的同时，增强我国产品的国际竞争力，将直接影响交通运输发展对国民经济增长的贡献。考虑到各种运输方式的运输成本存在着较大差距，在提高交通运输整体发展水平的同时，应积极通过优化交通运输结构，达到以最小的资源和运输成本完成全国各项货物运输的目标。

铁路运输是由铁路、车站枢纽设备、机车车辆等诸要素协调配合，共同实现货物位移的现代化运输方式。铁路运输主要有以下技术经济特征：

（1）长途运输成本低。运输成本与运距、运量以及运输密度成反比，铁路运输的重载和高密度，决定了它较低的运营支出。一般来说铁路运输成本比水路运输要高一些，但比公路和航空运输要低得多，运输成本分别为公路运输的 1/7 和航空运输的 1/18。

（2）运输连续性强。凭借独特的钢制固定轨道，铁路能克服自然条件的种种限制，保证一年四季、昼夜不停地连续运输。

（3）运输速度较高。与公路、水路运输方式相比，铁路运输具有较为明显的速度优势，铁路列车的技术速度一般在 80~250km/h，但是在货物列车运行过程中，需要进行列车的编组等技术作业，因而运营速度比技术速度要有所降低。

（4）运输经济环保。铁路机车单位功率所能牵引的重量比公路及航空运输要高出很多，铁路运输单位运量的能耗也比公路及航空运输小得多。由于能耗小，在各种运输中，铁路是仅次于水路运输的对环境影响较小的运输工具之一。相关研究表明，铁路运输对生态环境的污染比例只相当于公路运输的 1/20，航空运输的 1/3。

2. 公路运输

公路运输是我国交通运输业的重要组成部分，它担负着陆上货物运输的任务，随着科学技术的进步，公路运输不仅是一种运输方式或其他运输方式的补充，而且已成为区域间的主要运输方式之一。公路运输与铁路、航空、水路等运输方式相比，具有分布面广、线多、机动灵活、通达性好、适应性强、联运范围广、中转环节少、单位运量能耗较多、运输成本较高、方便实行"门到门"直达运输的特点。公路运输主要有以下经济技术特征：

（1）机动灵活。公路运输多数以一人一车为基本特点，车辆体型小，操作方便，无须专门的行径轨道，对各种自然条件有较强的适应性，机动灵活，主要承担农村运输、铁路和水运港站货物的集散等运输任务。

（2）载运量少。公路运输载运量小，劳动生产率低，成本高。公路平均单位载运量分别为铁路和水路的1/9和1/42，劳动生产率分别为铁路运输、沿海运输和内河运输的10.6%、1.5%和7.5%。因此，不适于运载大宗、笨重物资。

（3）污染严重。公路运输的环境污染比较严重，包括噪声污染、营运车辆的尾气污染等。

3. 水路运输

水路运输是利用船舶、排筏和其他浮运工具，在江、河、湖泊、水库、人工水道和海上运送货物的一种运输方式。与其他运输方式一样，水路运输是实现商品流通的重要手段，相比较而言，水路运输在流通领域中的服务范围，基本上取决于天然河流和海域的分布状况。虽然运输速度快会加速商品的流通速度，从而加快社会再生产的速度。但是，从节约商品的追加社会运输劳动消耗的观点看，并非所有的商品都需采取较高速度运输，其中低值大宗物资适宜用较低速度运送。水路运输在这方面具有自己的优势。水路运输主要有以下技术经济特征：

（1）线路投资少。水路运输是线路投资较少的一种运输方式，江河、湖、海为水路运输提供了天然、廉价的航道，只要加以治理，建立一些轮船泊位和装卸设备，便可供船只通航。据估计，内河航道单位基本成本只有公路的1/10、铁路的1/100；整治航道每公里投资大约只有公路的

1/15～1/10。

（2）运输成本低。由于线路投资少和运载量大，内河航运成本分别为铁路运输和公路运输的 1/5 和 1/35，海运成本分别为铁路运输和公路运输的 1/8 和 1/53。

（3）运载量大。与陆上运输相比，水运具有载运量较大的特征。内河驳船运载量一般是普通列车的 3～5 倍。

（4）灵活性差。水运受自然环境限制大，水运网络的分布主要是自然结果，往往与运输的经济要求不一致。当遇到航道河流枯水、冰冻以及大风和浓雾等情况时，船舶需被迫中止运输。

4. 航空运输

航空运输是由飞机、机场、导航设备等诸要素协调配合，共同实现货物位移的最快速的一种运输方式。随着社会经济的发展，民用航空货运已从最初作为航空公司业务的补充，发展成为航空运输市场的重要组成部分。航空运输借助于飞机这种现代交通工具，快速地运送货物和邮件，已成为现代社会经济发展的重要支柱之一。航空运输主要有以下技术经济特征：

（1）路径短。航空运输是在三维空间进行的，几乎不受地面任何障碍物的影响，能实现两点间的直线运输。

（2）速度快。先进性能的民航飞机，飞行时速在 1000km 以上，这一优势是其他运输方式所不能比拟的。

（3）运输成本高。航空运输的运输成本高，运价昂贵。由于飞机造价高，飞行消耗高级燃料多，运载量小，因而它的每吨公里运输成本相当于公路运输的 7 倍、铁路运输的 18.6 倍、水路运输的 146 倍。

第二节　运输结构调整绩效评价内涵

1. 什么是绩效

"绩效"一词源于公共管理、人力资源管理、工商管理、社会经济管理等管理学科。从字面上看，"绩"是指成绩，"效"即为效率、效益。

"绩效"一词经常出现日常工作与管理中,例如绩效工资、绩效管理、绩效考核等。

2. 什么是评价

"评价"在《辞海》(第7版)中的解释是:"评定货物价格。《宋史·戚同文传》中有'市物不评价,市人知而不欺。'评论价值高低。如评价文学作品"。"评价"一词经常和其他词汇组合出现,交通评价、安全性评价、道德评价等。本书认为,评价可以理解为泛指评论特定事物的优劣、好坏,可以采用定性(例如好、较好、一般、较差、差的描述)、定量(例如评价最高100分,该对象评价打分为70分)的不同衡量方式。

3. 运输结构调整内涵

运输结构调整是通过宏观管理与市场的自发调节的综合方式,以提升交通运输基础设施水平、调整运价、推动多式联运示范工程、推广新能源运输装备等具体手段,使交通运输资源配置在不同运输方式中更加科学合理,发挥不同交通运输方式的特性,提升综合交通运输方式的组合效率,降低运输物流成本,提升交通节能减排效果。

4. 运输结构调整绩效评价内涵

本书认为运输结构调整绩效评价,是在给定评价指标的基础上,应用评价方法对运输结构调整所实现的结果进行综合性评价,从而衡量运输结构调整获得的效果。

第三节 运输结构调整绩效评价的主要影响因素

1. 社会经济发展

经济与社会发展会产生各种各样的客货运输需求,其发展水平和程度不同,运输需求结构也会不同。社会的最终需求结构是形成经济(产业)结构的直接原因,且需求结构变化直接影响经济(产业)结构变化,同理运输需求结构变化引导着运输结构的演变。

在经济发展的不同阶段,会产生不同的生产力和生产关系,导致工业化水平不同,货运结构也会发生变化,将造成综合运输体系的供需变动,从而引发运输结构的演变。在全球社会经济经历了农业、工业前期与中期发展阶段后,进入后工业化时期的第三阶段,经济结构转向高技术产业和服务业,第三产业迅速发展,其产值和就业人数接近或超过第一、第二产业。经济结构上的第三产业化,同时货物特性(包括货物的批量、品类、运距、价值、流量和流向等)也发生变化,使得货物运输对于运输服务的要求不断提升,导致集装箱运输、多式联运、驮背运输等运输方式持续高速发展,这些运输方式均推动了运输结构调整市场的形成。

2. 科技发展水平

科技发展水平可以直接和间接地引发运输结构调整。第一种是非交通行业的技术进步,如工业化进程中的工业革命,工业生产设施的科学技术进步引发了整个社会经济结构的变化,从而促使运输需求发生相应的转变,直接引发了运输结构的改变。第二种是科技发展带动研发了运载工具,提高了运输设备的环保性、安全性、高效性等,例如近年来的新能源车辆极大地推进了运输的低碳化,公铁两用车、冷藏集装箱等设备推动了现代物流业的发展,这些都是通过技术装备的科技升级促进了运输结构的演变。

3. 市场价格因素

运输结构与市场资源密切相关,最直接的就是价格因素,运价直接关系到运输成本,而运输成本是货物运输业主和代理人主要考虑的因素之一,毕竟运输成本与纯利润密切相关。例如,目前我国公路运输和铁路运输结构之间的一个主要问题就是运价,我国铁路运价体系自身存在诸多限制条件,超大规模路网需要相对集中统一的价格政策来保障整体效率、效益最大化,局部的铁路企业对运价调整的权限自然受限。我国的铁路货运指导价运价与公路运价比价仍为1:4至1:3,而美国为1:6至1:5,其煤炭运输铁路和公路的比价在部分年份达到1:20。尽管我国铁路运输根据市场供求状况可以自主确定运价水平,但面对公路运价调整的灵活性,铁路运输竞争仍处于被动状态。

4. 交通管理导向

交通管理是从宏观、中观尺度上决定了交通发展大的原则、方向,顶层设计决定了运输结构调整的整体方向。比如,《推进运输结构调整三年行动计划（2018—2020年)》中提出"推进大宗货物运输'公转铁、公转水'为主攻方向"，针对这一目标为了提升铁路运输发展，提出了"提升主要物流通道干线铁路运输能力，加快大型工矿企业和物流园区铁路专用线建设，优化铁路运输组织模式，提升铁路货运服务水平"4大主要任务，并从铁路基础设施、铁路运输服务方面确定了主要任务。运输结构的顶层任务将直接决定基础设施的建设重点和运输组织模式的重点推广方向，这些都将直接影响运输结构调整的最终结果。

第五章

运输结构调整绩效评价指标体系与方法

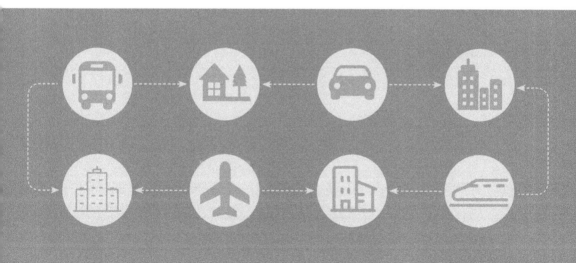

第五章 运输结构调整绩效评价指标体系与方法

第一节 评价指标选取原则

基于各种运输方式所具有的技术经济特性和我国交通运输、经济社会发展的阶段性特征，考虑评价指标体系由设施结构、服务结构、降本增效和绿色低碳4个方面的指标组成。在注重科学性、客观性、实用性、可比性、可测性、完备性等原则的同时，筛选出能够合理体现4个方面实际情况的评价指标，明确各指标定义和计算方法，用以全面评价我国不同时期运输结构调整绩效水平，发现问题存在的具体方面，为我国相关部门未来推进运输结构调整相关工作提供支撑。

1. 科学性原则

运输结构调整绩效的评价涉及主要运输方式的基础设施、服务结构、运输成本、绿色环保等方面，这就要求所选的指标能比较科学、精确、客观地反映整个交通运输系统在上述方面的表现。

2. 客观性原则

评价指标选取要客观公正，数据来源的可靠性、准确性和评估方法的科学性是保证评价结果客观、真实的重要前提。

3. 实用性原则

由于运输结构调整涉及众多因素，反映其整体发展情况的指标数量庞大、类型繁多，因此选择指标时，应尽量使指标体系简单明了，选择有代表性的综合指标和主要指标。同时指标设计要实用，设计的指标应具有一定的代表性，能适应各个发展水平层次的运输结构调整绩效评价，具有一定范围内的实用性。

4. 可比性原则

交通运输每一种运输方式的发展都具有一定的客观规律，这就要求在进行比较时必须考虑历史统计资料的可获得性。在此前提下，指标体系中的各项指标应具有统一的计算口径、计算方法和统一的量纲。所设置的指标应尽可能采用通用的名称和概念，指标间也应具有明显的差异性。

5. 可测性原则

指标的选取要尽可能利用现有统计资料。指标要具有可测性,易于量化。在实际调查评价中,指标数据应易于通过相关部门查询、统计资料整理、抽样调查或典型调查等方式获得。

6. 完备性原则

指标体系作为一个有机整体,应能全面反映我国不同时期运输结构调整的发展状况。既能反映运输结构调整在设施、服务、经济、绿色4个方面的发展情况,又要体现运输结构的系统性、协调性和动态性。

第二节 评价指标体系构建

1. "设施结构"绩效评价指标

(1) 铁路复线率（单位:%）。

定义:指统计期末,铁路营业里程中复线铁路所占的比例。复线铁路,又称双线铁路,是指双线及以上的铁路线路,营业长度中的复线长度,按与复线相对应的第Ⅰ线长度计算。复线铁路的建设,在很大程度上提高了铁路通过能力,减少了列车停站次数,可节省能量消耗,提高区段速度,加速机车车辆周转和客货送达时间。

计算公式:

$$铁路复线率 = \frac{铁路复线里程（km）}{铁路营业里程（km）} \times 100\% \quad (5-1)$$

(2) 铁路、水路运输固定资产投资总额（单位:亿元）。

定义:指铁路、水路运输行业以货币形式表现的在一定时期内建造和购置固定资产的工作量以及与此有关的费用的总称。它是反映固定资产投资规模、结构和发展速度的综合性指标,又是观察工程进展和考核投资效果的重要依据。

计算公式:

$$M = 铁路运输行业固定资产投资额 + 水路运输行业固定资产投资额 \quad (5-2)$$

式中：M——铁路、水路运输行业固定资产投资总额，亿元。

（3）全国港口万吨级及以上泊位数（单位：个）。

定义：指报告期末在当地设计低水位时，泊位所能靠泊并进行装卸货物、上下旅客等正常作业的最大满载船舶的载重吨级达到万吨级及以上的泊位实际数量。

计算公式：以码头设计文件标明或核定的靠泊能力为准，该指标源自《港口综合统计报表制度》。

（4）营业性船舶平均吨位（单位：t/艘）。

定义：指报告期末从事水上客、货运输活动的我国企业或私人业户拥有的单位营业性运输船舶定额载重量。

计算公式：

$$营业性船舶平均吨位 = \frac{轮驳船净载重量（t）}{轮驳船艘数（艘）} \quad (5-3)$$

2."服务结构"绩效评价指标

（1）铁路、水路运输货物周转量占全社会货物周转量比例（单位：%）。

定义：指报告期末铁路、水路运输行业完成的营业性货物周转量占全社会货物总周转量的比例。货物周转量是说明货物运输部门或货物运输企业一定时期内货物运输工作量的指标，是考核货物运输任务完成情况、计算货物运输成本和劳动生产率的重要根据，同时也是制订货物运输计划和货运规划的一个基础数据与基本指标。

计算公式：

$$L = \frac{M+N}{P} \times 100\% \quad (5-4)$$

式中：L——铁路、水路运输货物周转量占比，%；

M——铁路运输货物周转量，亿 t·km；

N——水路运输货物周转量，亿 t·km；

P——全社会货物周转量，亿 t·km。

（2）集装箱铁水联运量（单位：万 TEU）。

定义：指报告期内有关企业拥有的铁路货车或运输船舶运送同一批集装箱的实际数量。集装箱铁水联运是我国多式联运的一种运输组织形式，集装箱铁水联运不仅是保障港口集疏运体系的必由之路,也是铁路集装箱运输发展的必然方向。

数据来源:交通运输行业发展统计公报。

3. "降本增效"绩效评价指标

(1) 物流费用占 GDP 比例(单位:%)。

定义:指报告期末物流费用占国内生产总值(GDP)的比例,其中,物流费用是指产品空间位移过程中所耗费的各种资源的货币表现,是物品在实物运动过程中的各个环节所支出的人力、财力、物力的总和。

计算公式:

$$物流费用占 GDP 比例 = \frac{全国社会物流总费用(亿元)}{国内生产总值(亿元)} \times 100\% \quad (5-5)$$

(2) 单位货物周转量 GDP 产出 [单位:元/(t·km)]。

定义:指报告期末国内生产总值(GDP)与全社会货物周转量的比值,表征交通运输业每产出 1 单位货物周转量所能带动的国内生产总值增长量。

计算公式:

$$单位货物周转量 GDP 产出 = \frac{国内生产总值(亿元)}{全社会货物周转量(亿 t·km)} \times 100\%$$

(5-6)

4. "绿色低碳"绩效评价指标

(1) 综合交通运输单位换算周转量能耗(单位:吨标准煤/万换算吨公里)。

定义:指每换算周转量所需要的交通运输、仓储和邮政业能源数量。其中,换算周转量是指将旅客周转量按一定比例换算为货物周转量,然后与货物周转量相加成为一个包括客货运输的换算周转量指标。

计算公式:

$$综合交通运输单位换算周转量能耗 = \frac{交通运输、仓储和邮政业能源消费总量(吨标准煤)}{换算周转量(万换算吨公里)} \quad (5-7)$$

(2) 新能源汽车销售量(单位:万辆)。

定义:指报告期末纯电动汽车、插电式混合动力汽车、燃料电池汽

第五章 运输结构调整绩效评价指标体系与方法

车等新能源汽车销售的数量总和。新能源汽车销售量能在一定程度上反映市场占用率,大力发展新能源汽车是缓解汽车尾气对环境污染的有效抓手。

数据来源:国家统计局年度数据。

(3) 铁路电化率(单位:%)。

定义:指统计期末,铁路营业里程中能供电力火车运行的铁路里程所占的比例。电气化铁路是伴随着电力机车的出现而产生的,因为电力机车本身不自带能源,需要铁路沿途的供电系统源源不断地为其输送电能来驱动机车。

计算公式:

$$\text{铁路电化率} = \frac{\text{电气化铁路里程(km)}}{\text{铁路营业里程(km)}} \times 100\% \tag{5-8}$$

综上所述,经过对各种运输方式技术经济特征进行分析,在明确构建运输结构调整绩效评价指标体系需求的基础上,遵循科学性、客观性、实用性、可比性、可测性、完备性等指标选取原则,梳理了所选取指标的定义、计算方法及数据来源,最终确定了一个包含 4 大领域、11 项指标的评价指标体系,具体的指标体系如表 5-1 所示。

运输结构调整绩效评价指标体系 表 5-1

目 标 层	属性层	指 标 层	类型
运输结构调整绩效评价指标体系	设施结构	铁路复线率	正向
		铁路、水路运输固定资产投资总额	正向
		全国港口万吨级及以上泊位数	正向
		营业性船舶平均吨位	正向
	服务结构	铁路、水路运输货物周转量占全社会货物周转量比例	正向
		集装箱铁水联运量	正向
	降本增效	物流费用占 GDP 比例	逆向
		单位货物周转量 GDP 产出	正向
	绿色低碳	综合交通运输单位换算周转量能耗	逆向
		新能源汽车销售量	正向
		铁路电化率	正向

第三节 绩效评价方法研究

运输结构调整绩效评价方法是测算运输结构调整绩效的核心方法和手段，主要是基于建立的运输结构调整绩效评价指标体系进行计算，以得出运输结构调整绩效值。选取合适的方法对于得出具有客观性、合理性的评价结果至关重要。

1. 常用评价方法

综合评价问题是多因素决策过程中所遇到的一个带有普遍意义的问题。评价是为了决策，而决策需要评价。综合评价是科学决策的前提，是科学决策中的一项基础性工作。综合评价的目的，通常是希望能对若干对象，按一定意义进行排序，从中挑出最优或最劣对象。

1）基于支持向量机的综合评价方法

支持向量机（Support Vector Machine，SVM）核心内容是以统计学习理论作为理论依据的。支持向量机的基本思想是：首先，在线性可分情况下，在原空间寻找两类样本的最优分类超平面；在线性不可分的情况下，加入松弛变量进行分析，通过使用非线性映射将低维输入空间的样本映射到高维属性空间使其变为线性情况，从而使得在高维属性空间采用线性算法对样本的非线性进行分析成为可能，并在该特征空间中寻找最优分类超平面。其次，它通过使用结构风险最小化原理在属性空间构建最优分类超平面，使得分类器得到全局最优，并在整个样本空间的期望风险以某个概率满足一定上界。

SVM 算法是基于结构风险最小化原则，克服了传统方法的过拟合和陷入局部最小的问题，具有很强的泛化能力，即由有限的训练样本得到小的误差能够保证使独立的测试集仍保持小的误差。支持向量机作为一种新的机器学习算法，以最小结构风险代替了传统的经验风险，求解的是一个二次型寻优问题，得到的是全局最优点，解决了在神经网络方法中无法避免的局部极值问题；此外，其采用核函数方法，向高维空间映射时不但不增加计算的复杂性，反而有效地克服了维数灾问题。基于支持向量机的特点，这种方法已被广泛应用于综合评价之中。

2）层次分析法

层次分析法（AHP法）是由美国运筹学学者T. L. Saaty在20世纪70年代提出的一种决策分析方法，也是一种解决多目标复杂问题的定性与定量相结合的决策分析方法。该方法遵循定性分析与定量分析结合的准则，把复杂的问题表示为有序的阶梯形层次结构，按照目标、准则、方案等层次结构分解与决策问题相关的元素，以此来进行定性分析与定量分析。这一方法层次化、数量化了人们的思维过程，并应用数学的基本方法为分析、决策、控制和预报提供量化依据。决策者通过判断，按照各方案的优劣顺序进行排序，将复杂问题进行分解，并细化为各组成因素，按照相互间的支配关系将这些因素进行分组，形成有序的、具有阶梯型层次的结构，将各个因素进行两两比较，以此确定各个层次中每一个要素的相对重要程度，再与认定判断综合起来，制定出各因素的总排序。

层次分析法不但可以为多目标、多准则、无结构特性的复杂问题提供简便的决策方法，还具有将定量信息因素与定性信息因素进行统一处理的能力，具有系统、简洁与实用的优点，主要应用于方案已经基本确定的有关决策问题，一般只用于方案优选，尤其适合于人的定性分析起主要作用的、对决策的结果较难直接准确计量的情况。层次分析法的缺点是它要求决策者十分透彻地掌握所要解决问题的本质、其所包含的相关要素以及各要素间的逻辑关系，当遇到因素众多、规模较大的问题时容易出现问题。

3）模糊综合评判法

模糊综合评判法是利用模糊集理论进行评价的一种方法。具体地说，该方法是应用模糊关系合成的原理，从多个因素对被评判事物隶属等级状况进行综合性评判的一种方法。模糊评价法不仅可对评价对象按综合分值的大小进行评价和排序，而且还可根据模糊评价集上的值按最大隶属度原则去评定对象所属的等级。这种方法简易可行，在一些用传统观点看来无法进行数量分析的问题上，显示了它的应用前景，它很好地解决了判断的模糊性和不确定性问题，因此它更适用于对社会经济系统问题进行评价。

模糊综合评判的优点是可对涉及模糊因素的对象系统进行综合评价，然而随着综合评价在经济、社会等大系统中的不断应用，由于问题层次结构的复杂性、多因素性、不确定性、信息的不充分以及人类思维的模糊性等矛盾的涌现，使得人们很难客观地做出评价和决策。模糊综合评判方法的不足之处是，它并不能解决评价指标间相关造成的评价信息重复问题，隶属函数的确定还没有系统的方法，而且合成的算法也有待进一步探讨。其评价过程大量运用了人的主观判断，由于各因素权重的确定带有一定的主观性，因此总的来说，模糊综合评判是一种基于主观信息的综合评价方法。

4）数据包络评价法

数据包络分析法的一个直接和重要的应用就是根据输入、输出数据对同类型部门、单位（决策单元）进行相对效率与效益方面的评价。其特点是完全基于指标数据的客观信息进行评价，剔除了人为因素带来的误差。一般来说，利用数据包络分析法进行效率评价，可以获得如下一些管理信息：设计出科学的效率评价指标体系，确定各决策单元的数据包络分析法有效性，为宏观决策提供参考；分析各决策单元的有效性对各输入/输出指标的依赖情况，了解其在输入/输出方面的"优势"和"劣势"。它的优点是可以评价多输入、多输出的大系统，并可用"窗口"技术找出单元薄弱环节加以改进。缺点是只表明评价单元的相对发展指标，无法表示出实际发展水平。

数据包络分析法不需要预先给出权重是其一个优点，但有时也成为其一个缺点。就数据包络分析模型本身的特点而言，各输入、输出向量对应的权重是通过相对效率指数进行优化来决定的，这一方面有利于我们处理那些输入、输出之间权重信息不清楚的问题，另一方面也有利于我们排除对权重施加某些主观随意性。同时，数据包络分析法存在一个致命的缺陷是，由于各决策单元是从最有利于自己的角度分别求权重的，导致这些权重是随决策单元的不同而不同的，从而使得每个决策单元的特性缺乏可比性，得出的结果可能不符合客观实际。

5）灰色综合评价法

灰色综合评价法是一种定性分析和定量分析相结合的综合评价方法，这种方法可以较好地解决评价指标难以准确量化和统计的问题，排除了人为因素带来的影响，使评价结果更加客观准确。采用灰色综合评价法进行评价是从被评价对象的各个指标中选取最优值作为评价的标准。实际上是评价各被评对象和此标准之间的距离，这样可以较好地排除数据的"灰色"成分，且该标准并不固定，不同的样本会有不同的标准。即便是同一样本在不同的时间，其标准也会不同。但不管如何，选取值始终是样本在被选时刻的最优值。构造理想评价对象可用多种方法，如可用预测的最佳值、有关部门规定的指标值，评价对象中的最佳值等，这时求出的评价对象关联度与其应用的最佳指标相对应，显示出这种评价方法在应用上的灵活性。

灰色综合评价优点突出，一是计算过程简单，通俗易懂，易于为人们所掌握；二是数据不进行归一化处理，可用原始数据进行直接计算，可靠性强；三是评价指标体系可以根据具体情况增减；四是无须大量样本，只要有代表性的少量样本即可。其缺点是要求样本数据具有时间序列特性。另外，灰色关联系数的计算还需要确定"分辨率"，而它的选择并没有一个合理的标准。值得注意的是，常用的灰色关联度量化所求出的关联度总为正值，这不能全面反映事物之间的关系，因为事物之间既可以存在正相关关系，也可以存在负相关关系。

2. 评价方法选择

选择评价方法时，应适应综合评价对象和综合评价任务的要求，根据现有资料状况，做出科学的选择，换言之，评价方法的选取主要取决于评价者本身的目的和被评价事物的特点。而且，就同一种评价方法本身而言，在一些具体问题的处理上也并非相同，需要根据不同的情况做不同的处理。在充分考虑上述各种评价方法特点的同时，还应综合考虑如下几方面因素：一是选择评价者最熟悉的评价方法；二是所选择的方法必须有坚实的理论基础，能为人们所信服；三是所选择的方法必须简洁明了，尽量降低算法的复杂性；四是所选择的方法必须能够正确地反映评价对象和评价目的。

基于上述分析，本书选择运用层次分析法进行层次划分，确立评价指标体系，使各因素之间的关系层次化、条理化，并能够区别各自对评价目标影响的程度。为了弥补层次分析法对于权重赋值的主观性，选用对于权重计算比较具有优势的 CRITIC 法来计算各指标权重值。同时，考虑到基础数据中部分数据较易获取，部分数据则较难得到，为了简化数据的获取，结合交通运输行业能够获取的量化指标加以筛选，选择灰色综合评价法来进行评价以充分发挥其综合评价的优点，最后根据计算得出的权重，结合灰色综合评价法测算运输结构调整绩效值。

1）运用层次分析法确定评价指标体系及关系

（1）层次分析法的特点：

层次分析法将评价指标体系一般按照目标层、准则层（子准则层）、方案层等进行划分，从而将评价分解成一种更容易被人们理解和接受的结构。针对运输结构调整绩效评价而言，无论是指标管理者，还是指标应用者，层次分析法构建的指标体系均容易被其接受和掌握。同时，层次分析法能够针对运输结构调整绩效评价，将问题细化为各个相关因素（即评价指标），通过将相关因素量化更好地分析出相关因素对于运输结构调整绩效的影响程度，有益于管理决策者针对运输结构调整绩效做出更加科学的判断。

（2）层次分析法计算步骤：

一是建立层次结构模型。把与问题有关的各种因素层次化，然后构造出一个树状结构的层次结构模型，称为层次结构图。一般问题的层次结构图分为三层，包括总目标层（O）、中间层（C）及最低层（P）。目标层表示解决问题的目的，即应用 AHP 法所要达到的目标，中间层为实现预定目标所涉及的中间环节，最低层表示解决问题的具体方案。（如图 5-1 所示）。

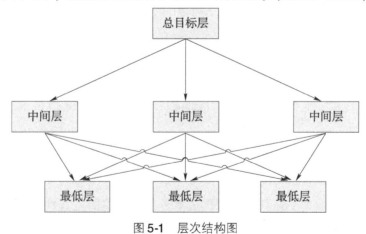

图 5-1　层次结构图

二是构造判断（成对比较）矩阵。判断矩阵是层次分析法的基本信息，也是进行相对重要度计算的重要依据。构造判断矩阵主要是通过比较同一层次上的各因素对上一层相关因素的影响作用，而不是把所有因素放在一起比较，即将同一层的各因素进行两两对比。比较时采用相对尺度标准度量，尽可能地避免不同性质的因素之间相互比较。同时，要尽量依据实际问题、具体情况，减少由于决策人主观因素对结果造成的影响。

设要比较 n 个因素 C_1，C_2，…，C_n 对上一层（如目标层）O 的影响程度，即要确定它在 O 中所占的比例。对任意两个因素 C_i 和 C_j，用 a_{ij} 表示 C_i 和 C_j 对 O 的影响程度之比，按 1~9 的比例标度（如表5-2所示）来度量 a_{ij} ($i, j = 1, 2, …, n$)。于是，可得到两两成对比较矩阵 $A = (a_{ij})_{n \times n}$（又称为判断矩阵），显然 $a_{ij} > 0$，$a_{ij} = 1/a_{ji}$，$a_{ii} = 1$，($i, j = 1, 2, …, n$)。

AHP 评价尺度 表5-2

成对比较标准	定义	内容
1	同等重要	两个要素具有同等的重要性
3	稍微重要	认为其中一个要素较另一个要素稍微重要
5	相当重要	根据经验与判断，强烈倾向于某一要素
7	明显重要	实际上非常倾向于某一要素
9	绝对重要	有证据确定，在两个要素比较时，某一要素非常重要，即一个要素明显强于另一个要素可控制的最大可能
2、4、6、8		用于上述标准之间的折中值
上述数值的倒数		当甲要素与乙要素比较时，若被赋予以上某个标度值，则乙要素与甲要素比较时的权重就应该是那个标度的倒数

三是一致性检验。通常情况下，由实际得到的判断矩阵不一定是一致的，可利用一致性比例（CR）进行检验。$CR = CI/RI$，其中，CI 为一致性指标，$CI = [(\lambda_{max} - n)/(n - 1)]$，$RI$ 为随机一致性指标，通常由实际经验给定。当 CR 小于0.1时，即认为判断矩阵具有满意的一致性，否则就需要调整判断矩阵，使之具有满意的一致性。

四是根据层次单排序及一致性检验结果，计算层次总排序及组合一致性检验结果。依次沿递阶层次结构由上而下逐层计算，即可计算出最低层因素相对于最高层的相对重要性,即权数值。

2)基于 CRITIC 赋权法计算指标权重

CRITIC 法是由 Diakoulaki 提出的一种客观权重赋权法,也是一种比熵权法和标准离差法更好的客观赋权法。它是基于评价指标的对比强度和指标之间的冲突性来综合衡量指标的客观权重。考虑指标变异性大小的同时兼顾指标之间的相关性,并非数字越大就说明越重要,而是完全利用数据自身的客观属性进行科学评价。其中,对比强度是指同一个指标各个评价方案之间取值差距的大小,以标准差的形式来表现。标准差越大,说明波动越大,即各方案之间的取值差距越大,权重会越高;指标之间的冲突性,用相关系数进行表示,若两个指标之间具有较强的正相关,说明其冲突性越小,权重会越低。

对于 CRITIC 法而言,在标准差一定时,指标间冲突性越小,权重也越小;冲突性越大,权重也越大;另外,当两个指标间的正相关程度越大时,即相关系数越接近1,冲突性越小,这表明这两个指标在评价方案的优劣上反映的信息有较大的相似性。第 j 个指标与其他指标的冲突性量化指标为 $\sum_{t=1}^{n}(1-X_{tj})$,其中 X_{tj} 为评价指标 t 和 j 之间的相关系数。第 j 个指标包含的信息量用下式来表达:

$$C_j = S_j \sum_{t=1}^{n}(1-X_{tj}) \quad j=1,2,3,\cdots,m$$

其中,S_j 表示第 j 个指标的对象间标准差,则 CRITIC 法得到的第 j 个指标的归一化权重为:

$$W_j = \frac{C_j}{\sum_{j=1}^{m}C_j} \quad j=1,2,3,\cdots,m$$

3)运用灰色综合评价法进行综合评价

灰色系统理论能处理贫信息系统,适用于只有少量观测数据的研究对象。灰色系统理论是我国著名学者邓聚龙教授于1982年提出的。它的研究对象是"部分信息已知,部分信息未知"的"贫信息"不确定性系统,它通过对部分已知信息的生成,开发实现对现实世界的确切描述和认识。由于灰色系统的普遍存在,决定了灰色系统理论具有十分广阔的发展前景。

(1)灰色综合评价法特点。

灰色系统理论通过关联度分析方法,即根据因素之间发展态势的相似或相异程度来衡量因素间关联程度,以此来评价对象对理想(标准)对象的接近次序。因此,灰色系统理论是从信息的非完备性出发研究和处理复杂系统的理论,通过对系统某一层次的观测资料加以数学处理,达到在更高层次上了解系统内部变化趋势及相互关系。基于灰色关联度的灰色综合评价法是利用各方案与最优方案之间关联度的大小对评价对象进行比较和排序。其最大的优点是它对数据量没有太高的要求,即数据多与少都可以分析,它的数学方法是非统计方法,在系统数据资料较少和条件不满足统计要求的情况下,更具有实用性。

(2)灰色综合评价法计算步骤。

对事物的综合评价,多数情况是研究多对象的排序问题,即在各个评价对象之间排除优选顺序。灰色综合评判主要是依据以下模型。

$R = E \times W$ 式中,$R = (r_1, r_2, \cdots, r_m)^T$ 为 m 个被评价对象的综合评判结果向量;$W = (w_1, w_2, \cdots, w_n)^T$ 为 n 个评价指标的权重分配向量,其中 $\sum_{j=1}^{n} w_j = 1$;E 为各指标的评判矩阵。

$$E = \begin{bmatrix} \varepsilon_1(1) & \varepsilon_1(2) & \cdots & \varepsilon_1(n) \\ \varepsilon_2(1) & \varepsilon_2(2) & \cdots & \varepsilon_2(n) \\ \vdots & \vdots & \vdots & \vdots \\ \varepsilon_m(1) & \varepsilon_m(2) & \cdots & \varepsilon_m(n) \end{bmatrix}$$

$\varepsilon_i(k)$ 为第 i 种方案的第 k 个指标与第 k 个最优指标的关联系数。最后根据得到的 R 的数值进行排序。

一是建立最优集指标及原始数据矩阵。选取各个指标的最优集为 X_0,即 $X_0 = (X_{01}, X_{02}, \cdots, X_{0n})$,其对应的实际数据如下。

$$X = \begin{bmatrix} X_{11} & X_{12} & \cdots & X_{1n} \\ X_{21} & X_{22} & \cdots & X_{2n} \\ \vdots & \vdots & \vdots & \vdots \\ X_{t1} & X_{t2} & \cdots & X_{tn} \end{bmatrix}$$

式中:X_{ij}——第 i 个评价单元下属的第 j 个指标对应的原始数据,$i = 1, 2, 3, \cdots, t$;$j = 1, 2, 3, \cdots, n$。

二是数据规范化。由于评判指标间通常是有不同的量纲和数量级,故不能直接进行比较,为了保证结果的可靠性,因此需要对原始指标值进行规范化处理。将最优集和原始数据按公式 $M_{ij} = X_{ij}/X_{0j}$ 标准化可得:

$$M_{m \times n} = \begin{bmatrix} m_{11} & m_{12} & \cdots & m_{1n} \\ m_{21} & m_{22} & \cdots & m_{2n} \\ \vdots & \vdots & \vdots & \vdots \\ m_{t1} & m_{t2} & \cdots & m_{tn} \end{bmatrix} \quad M_0 = (m_{01}, m_{02}, \cdots, m_{0n})$$

三是计算关联系数。关联性实质上是曲线间几何形状的差别,可以将曲线间差值的大小作为关联程度的衡量尺寸。经过前两步对数据进行处理之后,可通过下式进行关联系数的计算。

$$\gamma_{ij} = \frac{\min_i \min_j |M_{oi} - M_{ij}| + \rho \max_i \max_j |M_{oi} - M_{ij}|}{|M_{oi} - M_{ij}| + \rho \max_i \max_j |M_{oi} - M_{ij}|}$$

式中,把规范化的序列 M_0 作为参考序列,M_{ij} 作为比较序列,ρ 为分辨系数,其越小,分辨率越大,一般 $\rho \in [0, 1]$,具体取值可视情况而定,通常取 $\rho = 0.5$。

四是计算关联度。得出关联系数后,再利用下式计算关联度。

$\gamma = \frac{1}{n}\sum_{i=1}^{t}\gamma_{ij}$,关联度越大,说明该数列与最优指标越接近,据此可以对各方案进行排序或进行权重的计算。

五是计算权重。根据第四步得出的关联度计算各指标的权重,计算公式为 $W = \frac{\gamma_{ij}}{\sum_{i=1}^{t}\gamma_{ij}}$。

最后,根据第三步得出的关联系数和第五步得出的权重,基于公式 $R = E \times W$ 得出综合评判结果。

若关联度 R_i 最大,则可以认为第 i 个对象与最优指标最接近,也就是说第 i 个对象优于其他对象,因此,可以排出各对象的优劣次序。

第六章

运输结构调整绩效评价实证研究

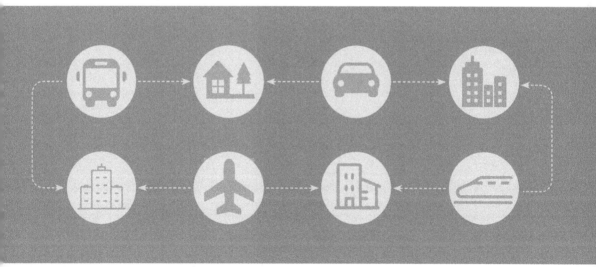

第六章 运输结构调整绩效评价实证研究

第一节 基础数据整理[1]

通过调研、查阅大量文献及统计资料后，对全国相关数据进行加工整理，得到各评价指标的基础数据（如表6-1所示）。其中，铁路复线率，铁路、水路运输固定资产投资总额，全国港口万吨级及以上泊位数，营业性船舶平均吨位，铁路、水路运输货运量占全社会货运量比例，集装箱铁水联运量，物流费用占GDP比例，单位货物周转量GDP产出，综合交通运输单位换算周转量能耗，新能源汽车销售量和铁路电化率依次记为X_1、X_2、X_3、X_4、X_5、X_6、X_7、X_8、X_9、X_{10}和X_{11}。最优指标集计为X_0。

运输结构调整绩效评价指标原始数据　　表6-1

时期	X_1	X_2	X_3	X_4	X_5	X_6	X_7	X_8	X_9	X_{10}	X_{11}
2011年	42.4	6006	1762	1186	71.10	76	17.80	3.49	0.1968	0.8	49.40
2012年	44.8	6679	1886	1279	69.16	98	18.00	3.55	0.1995	1.3	52.27
2013年	46.8	8186	2001	1414	67.60	126	18.00	3.69	0.2014	1.8	54.11
2014年	50.8	9548	2110	1499	67.85	162	16.60	3.63	0.1910	7.5	58.32
2015年	53.5	9695	2221	1642	66.51	209	16.00	3.97	0.2056	33.1	61.79
2016年	54.9	9432	2317	1663	66.40	270	14.90	4.09	0.2027	48.2	64.77
2017年	56.5	9249	2366	1770	65.20	348	14.60	4.32	0.2028	80.4	68.20
2018年	58.0	9219	2444	1833	64.13	450	14.80	4.61	0.2026	131.7	70.00
2019年	59.0	9166	2520	1952	69.13	516	14.70	5.08	0.2144	117.2	71.90
2020年	59.5	9149	2592	2134	69.27	687	14.67	5.17	0.2270	136.7	72.80

根据基础数据，确定最优指标集为：

$[X_0]^T$ = [59.50, 9695.17, 2592, 2134.08, 71.10, 687, 14.60, 5.17, 0.1910, 136.7, 72.8]

---

[1] 本章基础数据选取2011—2020年年度统计数据。

第二节 基础数据标准化

考虑到不同评价指标间的量纲不同，有必要对基础数据进行标准化处理。评价指标的标准化本质上是将不同量纲的指标或非定量化指标化为可以综合的无量纲的定量化指标。本书利用极差正规化法将数据无量纲化，为后续开展绩效综合评价做好准备。基础数据标准化处理结果如表6-2所示。

运输结构调整绩效评价指标标准化后数据　　　　表6-2

指标	2011年	2012年	2013年	2014年	2015年	2016年	2017年	2018年	2019年	2020年
X_1	0.0000	0.1431	0.2599	0.4932	0.6484	0.7317	0.8250	0.9125	0.9708	1.0000
X_2	0.0000	0.1824	0.5909	0.9601	1.0000	0.9288	0.8790	0.8709	0.8566	0.8520
X_3	0.0000	0.1494	0.2880	0.4193	0.5530	0.6687	0.7277	0.8217	0.9133	1.0000
X_4	0.0000	0.0982	0.2403	0.3303	0.4810	0.5028	0.6162	0.6826	0.8076	1.0000
X_5	1.0000	0.7214	0.4978	0.5341	0.3417	0.3251	0.1535	0.0000	0.7177	0.7383
X_6	0.0000	0.0360	0.0818	0.1408	0.2177	0.3175	0.4452	0.6121	0.7201	1.0000
X_7	0.9412	1.0000	1.0000	0.5882	0.4118	0.0882	0.0000	0.0588	0.0294	0.0206
X_8	0.0000	0.0355	0.1206	0.0842	0.2847	0.3593	0.4957	0.6685	0.9504	1.0000
X_9	0.1608	0.2380	0.2897	0.0000	0.4054	0.3268	0.3284	0.3221	0.6503	1.0000
X_{10}	0.0000	0.0037	0.0074	0.0493	0.2377	0.3488	0.5857	0.9632	0.8565	1.0000
X_{11}	0.0000	0.1227	0.2013	0.3814	0.5295	0.6569	0.8034	0.8804	0.9615	1.0000

第三节 权重计算

权重用以衡量各基础指标的相对重要性，由于CRITIC法是一种比熵权法和标准离差法更好的客观赋权法，它是基于评价指标的对比强度和指标之间的冲突性来综合衡量指标的客观权重，因此结合前述章节的研究分析，选择CRITIC法对指标层及属性层指标权重进行计算。计算结果如表6-3所示。

指标层及属性层指标权重 表6-3

指　　标	冲突性量化指标	标　准　差	信　息　量	归一化算权重
X_1	0.2171	0.3408	0.0740	0.1594
X_2	0.6684	0.3297	0.2204	0.4748
X_3	0.2361	0.3166	0.0748	0.1611
X_4	0.3180	0.2990	0.0951	0.2048
X_5	1.1688	0.2881	0.3367	0.4777
X_6	1.1688	0.3150	0.3682	0.5223
X_7	1.8382	0.4125	0.7582	0.5405
X_8	1.8382	0.3507	0.6446	0.4595
X_9	0.5622	0.2621	0.1474	0.3699
X_{10}	0.3177	0.3928	0.1248	0.3133
X_{11}	0.3656	0.3453	0.1262	0.3169
设施结构	1.2118	0.1801	0.2182	0.2799
服务结构	1.9002	0.1355	0.2575	0.3303
降本增效	0.8292	0.2364	0.1960	0.2514
绿色低碳	0.9602	0.1122	0.1078	0.1383

第四节　求解关联系数矩阵

计算标准化后的数据，通过灰色关联分析法，取 $\rho=0.5$，计算各评价指标与最优指标的关联度系数。计算结果如表6-4所示。

关联系数计算结果 表6-4

指标	2011年	2012年	2013年	2014年	2015年	2016年	2017年	2018年	2019年	2020年
X_1	0.3333	0.3685	0.4032	0.4966	0.5871	0.6508	0.7407	0.8510	0.9449	1.0000
X_2	0.3333	0.3795	0.5500	0.9261	1.0000	0.8753	0.8052	0.7948	0.7771	0.7716
X_3	0.3333	0.3702	0.4125	0.4627	0.5280	0.6014	0.6474	0.7371	0.8522	1.0000
X_4	0.3333	0.3567	0.3969	0.4274	0.4907	0.5014	0.5657	0.6117	0.7221	1.0000
X_5	1.0000	0.6421	0.4989	0.5177	0.4317	0.4256	0.3713	0.3333	0.6391	0.6564
X_6	0.3333	0.3415	0.3526	0.3679	0.3899	0.4228	0.4740	0.5631	0.6411	1.0000
X_7	0.3469	0.3333	0.3333	0.4595	0.5484	0.8500	1.0000	0.8947	0.9444	0.9605

续上表

指标	2011年	2012年	2013年	2014年	2015年	2016年	2017年	2018年	2019年	2020年
X_8	0.3333	0.3414	0.3625	0.3532	0.4114	0.4383	0.4978	0.6013	0.9097	1.0000
X_9	0.7567	0.6775	0.6332	1.0000	0.5522	0.6047	0.6035	0.6082	0.4347	0.3333
X_{10}	0.3333	0.3342	0.3350	0.3447	0.3961	0.4343	0.5469	0.9315	0.7770	1.0000
X_{11}	0.3333	0.3630	0.3850	0.4470	0.5152	0.5930	0.7178	0.8069	0.9286	1.0000

第五节 绩效评价值测算

采用灰色关联分析法测算运输结构调整绩效评价值。属性层及目标层绩效评价值测算模型为：$R_i = W_i \times E_i$，其中，R_i 为某一属性层或目标层指标绩效评价值；W_i 为属性层或目标层指标权重；E_i 为属性层或目标层指标对应的关联系数。

（1）属性层绩效评价值测算如下：

R（设施结构）= $(0.1594, 0.4748, 0.1611, 0.2048) \times$

$$\begin{bmatrix} 0.3333 & 0.3685 & \cdots & 1.0000 \\ 0.3333 & 0.3795 & \cdots & 0.7716 \\ 0.3333 & 0.3702 & \cdots & 1.0000 \\ 0.3333 & 0.3567 & \cdots & 1.0000 \end{bmatrix} = (0.3333, 0.3716, \cdots, 0.8915)$$

R（服务结构）= $(0.4777, 0.5223) \times$

$$\begin{bmatrix} 1.0000 & 0.6421 & \cdots & 0.6564 \\ 0.3333 & 0.3415 & \cdots & 1.0000 \end{bmatrix} = (0.6518, 0.4851, \cdots, 0.8359)$$

R（降本增效）= $(0.5405, 0.4595) \times$

$$\begin{bmatrix} 0.3469 & 0.3333 & \cdots & 0.9605 \\ 0.3333 & 0.3414 & \cdots & 1.0000 \end{bmatrix} = (0.3407, 0.3370, \cdots, 0.9786)$$

R（绿色低碳）= $(0.3699, 0.3133, 0.3169) \times$

$$\begin{bmatrix} 0.7567 & 0.6775 & \cdots & 0.3333 \\ 0.3333 & 0.3342 & \cdots & 1.0000 \\ 0.3333 & 0.3630 & \cdots & 1.0000 \end{bmatrix} = (0.4899, 0.4703, \cdots, 0.7534)$$

(2) 目标层绩效评价值测算如下：

R（目标层） = (0.2799, 0.3303, 0.2514, 0.1383) ×

$$\begin{bmatrix} 0.3333 & 0.3716 & \cdots & 0.8915 \\ 0.6518 & 0.4851 & \cdots & 0.8359 \\ 0.3407 & 0.3370 & \cdots & 0.9786 \\ 0.4899 & 0.4703 & \cdots & 0.7534 \end{bmatrix} = (0.4620, 0.4141, \cdots, 0.8760)$$

各层次绩效评价值测算结果如表6-5所示。

运输结构调整各层次绩效评价测算结果　　表6-5

时　　期	设施结构	服务结构	降本增效	绿色低碳	目标层
2011 年	0.3333	0.6518	0.3407	0.4899	0.4620
2012 年	0.3716	0.4851	0.3370	0.4703	0.4141
2013 年	0.4731	0.4225	0.3467	0.4611	0.4229
2014 年	0.6809	0.4394	0.4106	0.6195	0.5247
2015 年	0.7539	0.4099	0.4855	0.4916	0.5365
2016 年	0.7188	0.4241	0.6608	0.5476	0.5832
2017 年	0.7205	0.4250	0.7693	0.6220	0.6215
2018 年	0.7570	0.4534	0.7599	0.7724	0.6596
2019 年	0.8047	0.6402	0.9285	0.6984	0.7668
2020 年	0.8915	0.8359	0.9786	0.7534	0.8760

第六节　绩效评价结果分析

1. 指标层指标数据分析

（1）铁路复线率。

铁路复线率通常用于表征铁路运输能力的大小，从图6-1可知，2011年，铁路复线率达到42.36%，在此后的10年间，保持稳定增长态势，至2020年达到59.50%，较2011年增长17.14%，10年平均增长1.71个百分点。

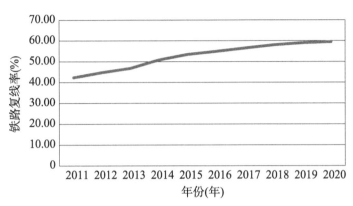

图 6-1　铁路复线率变化趋势图

（2）铁路、水路运输固定资产投资总额。

"十二五"时期，是铁路、水路运输行业固定资产投资规模飞速增长的时期，2015 年，铁路、水路运输固定资产投资总额达到 9695 亿元，较 2011 年增长 61.43%；进入"十三五"时期，铁路、水路运输固定资产投资规模逐年放缓，至 2020 年，达到 9149 亿元，较 2016 年下降 3%（如图 6-2 所示）。

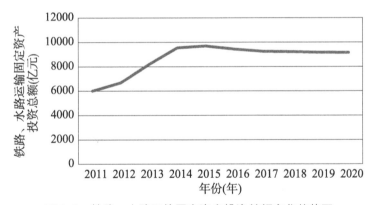

图 6-2　铁路、水路运输固定资产投资总额变化趋势图

（3）全国港口万吨级及以上泊位数。

港口泊位数作为港航设施，可以反映出港口所能容纳装卸船只的数量规模，也是反映港口物流服务能力的基本条件。"十二五"以来，港口万吨级及以上泊位数保持高速增长（如图 6-3 所示）。至 2020 年，港口万吨级及以上泊位数达到 2592 个，较 2011 年增长 47.11%，10 年年均增速达到 3.94%。

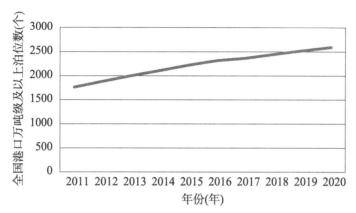

图 6-3 全国港口万吨级及以上泊位数变化趋势图

（4）营业性船舶平均吨位。

2011—2020 年，营业性船舶平均吨位呈快速增长态势，船舶运力结构持续优化（如图 6-4 所示）。2020 年，营业性船舶平均吨位达到 2134t，较 2011 年增长了 948t，增速达到 79.89%，10 年平均增长 6.05%。

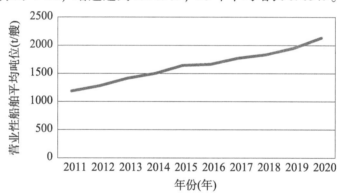

图 6-4 营业性船舶平均吨位变化趋势图

（5）铁路、水路运输货物周转量占全社会货物周转量比例。

从图 6-5 可知，2011—2020 年期间，该指标呈现"先降后升"变化态势；2011—2015 年，铁路、水路运输货物周转量占比逐年下降，年均下降 0.92 个百分点，至 2016 年降到低谷后出现反弹，此后占比逐年提升，至 2020 年提升至 69.27%。

（6）集装箱铁水联运量。

铁水联运意指通过将铁路货场功能前移至港口，设立"无轨铁路港场"以实现运输资源共享，并通过水路运输班轮和铁路班列的有效衔接来完成货物运输的一种多式联运新模式。近10年间，集装箱铁水联运量呈高速增长态势（如图6-6所示）。截至2020年，集装箱铁水联运量达到687万TEU，同比增长33.14%，较2011年增长近8倍，10年平均增长24.63个百分点。

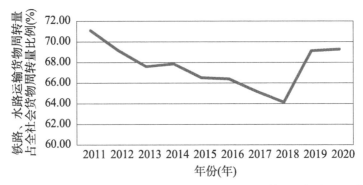

图6-5 铁路、水路运输货物周转量占全社会货物周转量比例变化趋势图

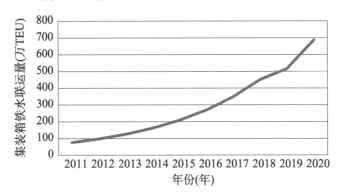

图6-6 集装箱铁水联运量变化趋势图

（7）物流费用占GDP比例。

2020年，我国社会物流总费用与GDP的比率为14.67%，比上年下降0.03个百分点，表明2020年每万元GDP所消耗需要的社会物流总费用为1467元，比上年下降0.2%。社会物流总费用与GDP的比率持续下降（如图6-7所示），这表明我国商贸物流成本水平进入到加速回落期，与我国经济结构优化、运行效率提升和物流的高效运作密切相关。

（8）单位货物周转量GDP产出。

"十三五"末，单位货物周转量GDP产出达到5.17元/（t·km），呈逐年递增趋势（如图6-8所示）。2011至2020年10年年均增长4.01个百分点，表明 2020 年每吨公里货物周转量产出能带动 GDP 增长 5.17 元，比上年增长 1.64 个百分点。

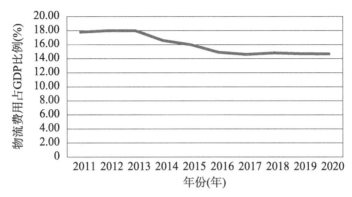

图 6-7　物流费用占 GDP 比例变化趋势图

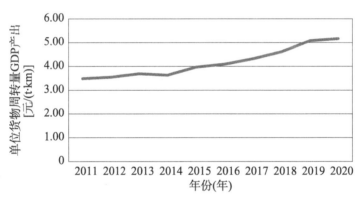

图 6-8　单位货物周转量 GDP 产出变化趋势图

（9）综合交通运输单位换算周转量能耗。

纵观近 10 年综合交通运输单位换算周转量能耗，虽在 2014 年有所下降，但总体仍呈现上升趋势（如图 6-9 所示）。2020 年，综合交通运输单位换算周转量能耗达到 0.23 吨标准煤/万换算吨公里，同比增加 5.88%，10 年年均增长 1.44 个百分点，这表明，节能降耗仍是未来一段时期交通运输行业的需重点关注的领域之一。

（10）新能源汽车销售量。

2020 年，我国新能源汽车销售量达到 136.7 万辆，同比增长 16.64%；近 10 年间，除 2019 年度新能源汽车销售量数据较上一年度有所回落外，其余年度均保持高速增长，10 年平均增速达到 67.21 个百分点，这说明我国鼓励发展新能源汽车的政策导向取得了初步的成效（如图 6-10 所示）。

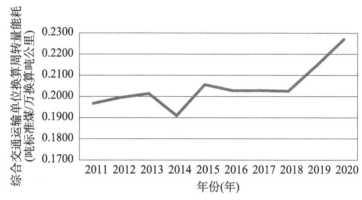

图 6-9　综合交通运输单位换算周转量能耗变化趋势图

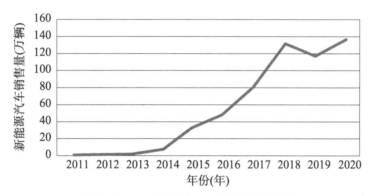

图 6-10　新能源汽车销售量变化趋势图

（11）铁路电化率。

截至"十三五"末，我国铁路电化率达到 72.8%，较上一年度提升 0.9 个百分点，10 年平均提升 2.34 个百分点（如图 6-11 所示）。铁路电化率继续稳居世界首位，节能环保优势明显，为打赢污染防治攻坚战尤其是蓝天保卫战作出了应有贡献。

2. 属性层指标数据分析

设施结构、服务结构、降本增效及绿色低碳 4 个属性层是反映我国运输结构调整绩效的核心要素。从本书综合评价结果来看，4 个属性层相对贡献值结构比例由 2011 年的 18.4∶35.9∶18.8∶27.0 调整为 2020 年的 25.8∶24.2∶28.3∶21.8（如图 6-12 所示）。其中，降本增效所占比例虽较上一年度回落 1.94 个百分点，但仍旧最高，达到 28.3%；设施结构所占比例次之，达到25.8%，较上年降低0.4个百分点；服务结构占比排名第三，达到24.2，较上年提高3.3个百分点；绿色低碳所占比例最低，达到21.8%，较上年降低1.0个百分点。

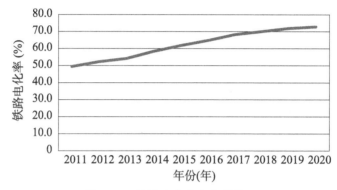

图6-11 铁路电化率变化趋势图

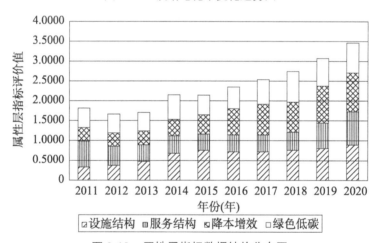

图6-12 属性层指标数据结构分布图

（1）设施结构绩效。

由图6-13中呈现的数据及其变化趋势可知，2020年设施结构绩效综合评价值为0.89，较上年提高0.09，较2011年提高0.56。纵观近10年发展情况，绩效水平虽在2016及2017两年间有所回落，但总体仍呈现向好的发展态势，绩效水平10年年均提升0.06。

（2）服务结构绩效。

回顾近10年间运输结构调整服务结构绩效水平，其发展态势呈现"先降后升"的变化趋势（如图6-14所示）。2011年，服务结构绩效水平达到 0.65，在此后的 5 年间持续下滑，至 2015 年其绩效水平为 0.41，达到整个"十二五"时期最低值；进入"十三五"时期，服务结构绩效水平呈快速增长态势，2020 年达到 0.84，较上一年度增长 0.20。

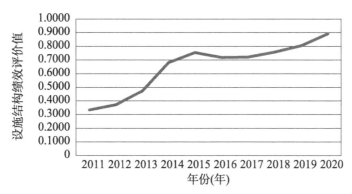

图 6-13　设施结构绩效评价值变化趋势图

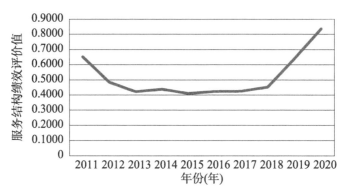

图 6-14　服务结构绩效评价值变化趋势图

（3）降本增效绩效。

从绩效水平测算结果可知，"十二五"时期，运输结构调整在降本增效领域绩效水平呈现缓慢增长态势（如图 6-15 所示）。2015 年，降本增效绩效水平达到 0.49，5 年平均增速为 7.34%；进入"十三五"时期，降本增效领域进入发展的快车道，2020 年，降本增效绩效水平达到 0.98，5 年平均增速达到 8.17%，平均增速较"十二五"时期增加 0.83 个百分点。

（4）绿色低碳绩效。

由图 6-16 所示测算结果可知，2011—2020 年，运输结构调整在绿色低碳领域经历了二次波谷，其绩效水平在 2014 年达到"十二五"时期峰值,为0.62,但在2015年迅速回落至0.49;经过此后3年间的缓慢增长,绩效水平在2018年第二次达到近5年的峰值,为0.77,进入到2019年回落至0.70;2020年,绿色低碳绩效评价值达到0.75,10年平均增长4.40个百分点。

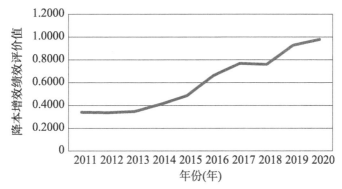

图 6-15 降本增效绩效评价值变化趋势图

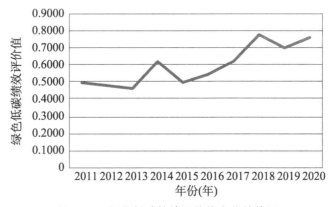

图 6-16 绿色低碳绩效评价值变化趋势图

3. 目标层指标数据分析

从图6-17可知,运输结构调整绩效综合评价值在经历了"十二五"期初3年的震荡后,呈快速发展态势。2013年,运输结构调整绩效综合评价值达到0.42,为近10年的最低值;2020年,其快速上涨至0.88,同比增长14.24%,10年平均增长6.61%。

根据《卓越绩效评价准则》的评价标准,结合我国经济发展与运输结构调整实际,可将运输结构调整绩效分成5个等级,分别为优、良、中、低、差。其中,0.8≤绩效评价值≤1时,绩效水平为优;0.6≤绩效评价值<0.8 时，绩效水平为良；0.4≤绩效评价值<0.6 时，绩效水平为中；0.2≤绩效评价值<0.4 时，绩效水平为低；0≤绩效评价值<0.2 时，绩效水平为差。从绩效测算结构可以看出，2020 年的运输结构调整绩效水平为优，2017—2019 年的运输结构调整绩效水平为良，2011—2016 年的运输结构调整绩效水平为中。

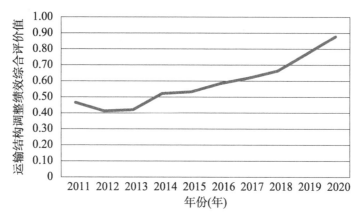

图 6-17　运输结构调整绩效综合评价值变化趋势图

从图 6-18 可见，运输结构调整绩效综合评价值变动趋势与国内生产总值的变动趋势大体一致，可以从相关分析进一步研究二者之间的定量关系。

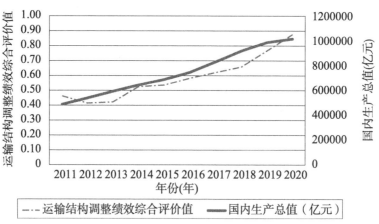

图 6-18　运输结构调整绩效评价值与 GDP 对比图

基于 SPSS 软件，结合皮尔逊相关系数分析法，对运输结构调整综合评价值与国内生产总值进行相关分析，分析结果如表 6-6 所示。

相 关 分 析 结 果　　　　　表6-6

项　　目	特　　性	运输结构调整绩效评价值	国内生产总值
运输结构调整绩效评价值	Pearson 相关性	1	0.951
	显著性（双侧）	—	0.000
	N	10	10
国内生产总值	Pearson 相关性	0.951	1
	显著性（双侧）	0.000	—
	N	10	10

从表6-6相关分析结果可以看出，运输结构调整综合评价值与国内生产总值（GDP）之间存在较高的正相关关系，相关系数达到0.951，非常接近1，表示二者的关系密切，可用运输结构调整综合评价值揭示国内生产总值的发展趋势。

第七章

运输结构调整绩效评价系统开发

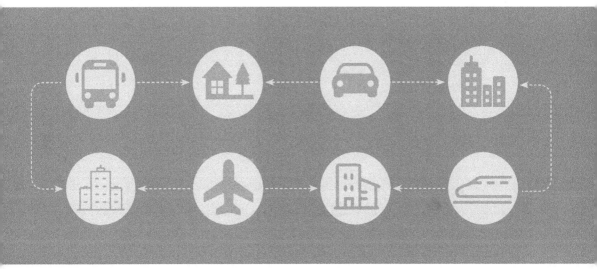

第七章 运输结构调整绩效评价系统开发

第一节 系统开发背景

为贯彻落实党中央、国务院关于推进运输结构调整的决策部署，打赢蓝天保卫战、打好污染防治攻坚战，提高综合运输效率、降低物流成本，国务院办公厅印发了《关于推进运输结构调整三年行动计划（2018—2020年）的通知》，明确提出了铁路运能提升、水运系统升级、公路货运治理、多式联运提速、城市绿色配送及信息资源整合等六大专项行动。在此基础上，交通运输部等九部门进一步细化分解铁路增量运输任务，在北京、天津、河北、河南、山东、山西、辽宁、内蒙古等8省（自治区、直辖市）组织实施铁路专用线建设工程、铁路货运服务提升工程、港口大宗货物"公转铁"工程、工矿企业大宗货物"公转铁"工程等"九大工程"。同时，要求各省级交通运输主管部门建立健全运输结构调整工作动态督导考评机制，按季度总结形成运输结构调整工作情况报告，一并填写《运输结构调整工作监测分析表》。

《运输结构调整工作监测分析表》数据填报单位包含交通运输主管部门、港口企业及大型工矿企业，填报单位性质多样，每个填报单位按照评估工作的有关要求填报相应的评价指标，若通过纸质文件由地方进行逐级报送，每年需要花费大量精力进行人工梳理，工作效率不高，形式不灵活，机动性差。在此背景下，亟须对数据处理方式和印发形式等进行创新，同时兼顾长远，提升数据处理效率及展示水平。因此，开发运输结构调整绩效评价软件系统能够为行业管理部门实现自动化计算绩效调整结果，辅助其完成日常的评价管理工作。

第二节 功能设计思路

1. 应用场景

运输结构调整绩效评价系统的应用对象为港口企业、物流园区经营企业、大型工矿企业及交通运输主管部门等数据填报单位，交通运输部有关人员通过本软件系统对我国每个季度的运输结构调整绩效进行测算，并形成评估结果，以此作为日常制定扶持政策、实施行业指导、开展绩效考核的量化依据。省级、地市级及以下交通运输行业主管部门可参照本系统的计算过程结合地方实际，在充分考虑地方统计基础及数据可获得性的条件下对本系统进行适当扩展和改造。系统的开发和使用，将有助于港口、物流园区及工矿等企业认识自身在运输结构调整过程中所发挥的作用，有助于行业管理部门正确认识本辖区范围内运输结构调整绩效水平，查找不足之处，有针对性地补齐短板。

2. 功能目标

（1）总体目标。通过使用现代的数据处理技术、通信技术等相关计算机技术开发运输结构调整绩效评价系统，实现对运输结构调整所包含的经营主体情况、运力构成情况、经营效益情况、工作实绩情况等核心要素涉及的相关数据进行统一管理，从而了解全国运输结构调整绩效的实际成果水平。同时，基于软件系统提供的三级指标数据的权重计算，运输结构调整绩效一键测算等功能实现对不同地区间运输结构调整绩效的横向比较及同一地区不同时期运输结构调整绩效的纵向对比，为各级行业主管部门摸清现状，发现问题，制定相关政策提供定量化的支撑。

（2）具体目标，分为以下几点：

①以行政区划为管理单元对各数据填报单位运输结构调整绩效评价指标涉及的30余项指标基础数据进行收集、存储、汇总。

②按照CRITIC方法的既定计算步骤，计算30余项运输结构绩效评价指标所占权重。

③按照灰色综合评价方法的计算原理和计算方法，综合计算每一时期每个地区运输结构调整绩效的实际水平。

④通过软件系统功能模块，实现对基础数据的导入及绩效评价结果的导出。

第三节 软件系统使用指南

1. 软件简介

运输结构调整绩效评价系统采用 Visual Studio 作为开发工具进行开发，

编程语言为 C#4.0，同时结合本书中的理论研究成果，通过输入评价指标原始数据，采用 CRITIC 法计算得出基础评价指标权重，根据计算出的权重，运用灰色综合评价法自动测算得出各行政区域运输结构调整绩效值，从而为衡量各地交通运输主管部门开展运输结构调整专项工作取得的成效提供定量化的依据。此外，软件系统为提高工作效率，还设置了基础数据导入模板，绩效评价结果导出模块、运输结构调整绩效一键测算功能模块。

2. 软件安装环境

（1）硬件环境。标准配置：CPU 为双核 2.0GHz 及以上；内存为 2G 及以上；硬盘为 100G 及以上。

（2）软件环境。操作系统：WinXP/Win7/Win10；办公软件：Excel97 以上。

运输结构调整绩效评价系统功能框架如图 7-1 所示。

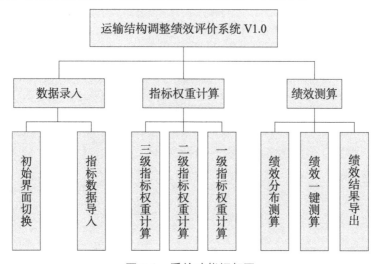

图 7-1　系统功能框架图

3. 系统主要功能使用说明

（1）系统登录。双击【运输结构调整绩效评价系统 V1.0】图标，进入系统的登录界面。登录界面如图 7-2 所示，用户输入用户名、密码（用户初始密码为 0000），点击【登录】，即可进入系统。

登录后系统初始界面如图 7-3 所示，系统默认加载根目录的指标文件。

图 7-2　系统登录界面

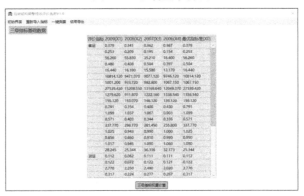

图 7-3　初始界面

（2）数据导入。点击初始界面菜单栏【重新导入指标】，打开选择基础数据文件窗口，如图 7-4 所示，选择文件后，点击【打开】即可导入新指标数据。

图 7-4　数据导入

(3)三级指标权重计算。点击初始界面下方【三级指标权重计算】即可切换到三级指标权重窗口,如图7-5所示。

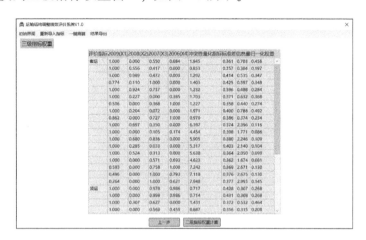

图 7-5　三级指标权重计算

(4)二级指标权重计算。点击三级指标权重窗口【二级指标权重计算】即可切换到二级指标权重窗口,如图7-6所示。

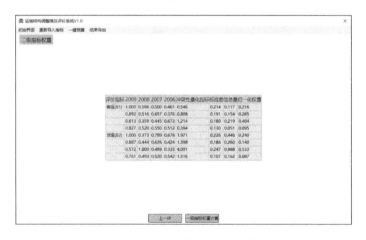

图 7-6　二级指标权重计算

(5)一级指标权重计算。点击二级指标权重窗口【一级指标权重计算】即可切换到一级指标权重窗口,如图7-7所示。

(6)运输结构调整绩效测算。点击一级指标权重窗口【运输结构调整绩效计算】或初始界面菜单栏【一键测算】,即可计算得出运输结构调整绩效测算结果。

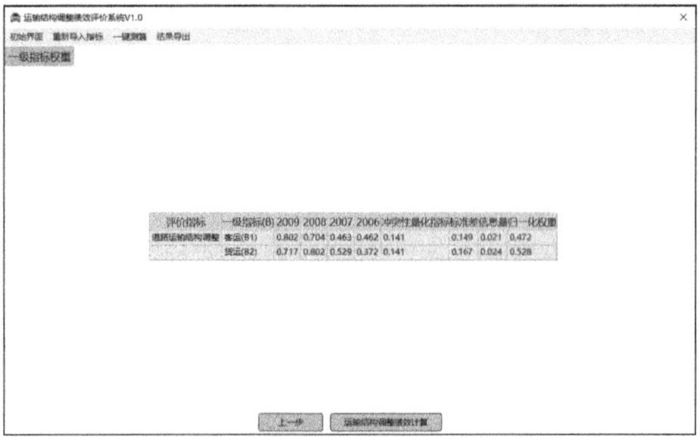

图 7-7　一级指标权重计算

第八章

我国运输结构调整发展对策及思考

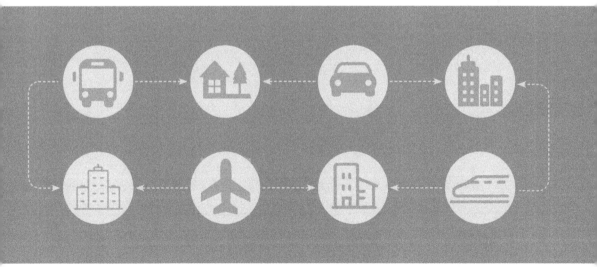

第八章 我国运输结构调整发展对策及思考

第一节 不断强化顶层设计

1. 加强运输结构调整规划编制

规划编制涉及经济社会发展方方面面，同人民群众生产生活息息相关，建议在编制和出台《"十四五"综合交通运输发展规划》《"十四五"综合运输服务发展规划》以及其他交通运输行业规划的同时，将运输结构调整工作作为"十四五"期的一项重点内容，明确运输结构调整的量化目标，提出可操作、可实施的措施任务。各地区要结合"十四五"规划编制工作，在《推进运输结构调整三年行动计划（2018—2020 年)》基础上，统筹研究谋划"十四五"时期运输结构调整重点工作，推动将运输结构调整工作纳入当地国民经济和社会发展第十四个五规划纲要重点任务，要以加快推进现代综合交通运输体系建设为导向，大力推进运输结构调整工作。

2. 建立运输结构调整协调机制

部际联席会议是为了协商办理涉及国务院多个部门职责事项，由国务院批准建立，各成员单位按照共同商定的工作制度，及时沟通情况，协调不同意见，以推动某项任务顺利落实的工作机制。为加强部门间协调，推动相关工作，国务院层面成立了促进投资、网络市场监管、旅游工作、交通运输新业态监管等二十几个部际联席会议制度。建立部际联席会议制度可以很好地加强部门协调，共同推动相关工作。运输结构调整工作，涉及部门多、需协调解决的事项多，迫切需要建立协调机制，协调解决运输结构调整中面临的重大问题、重要事项、重大政策。

借鉴旅游工作、交通运输新业态监管等经验，依托现有运输结构调整领导小组，国家层面建立运输结构调整部际联席会议制度，由交通运输部、国家发改委、财政部、商务部、生态环境部、公安部等成员组成，同时国家铁路局、中国民用航空局、国家邮政局、国铁集团等参加，主要职责是研究解决运输结构调整中的重大问题、协调制定运输结构调整重大政策、制度。同时，推动地方建立运输结构调整协调机制，建立以省政府牵头,相关单位负责同志为成员,办公室设在省交通运输主管部门的运输结构调整协调机制。建立健全运输结构调整工作调度制度,定期召开工作调度会议,研究工作推进中存在的困难,推动工作落实。

3. 完善相关法规制度

加强运输结构法规政策保障,以法律形式巩固运输政策的持续性和合法性是欧洲各国的典型做法,无论是1996年、2001年、2011年的欧盟白皮书还是"阿尔卑斯山倡议"均从法律角度对公路运输转向铁路运输、提升铁路运输服务水平予以全方位保障。瑞士在推动公路运输转向铁路运输的进程中,政府从顶层设计制定到行动方案实施,再到追踪评价发挥了主导作用,以立法的形式提升了对运输结构调整的重视程度,以财税手段辅助运输结构调整目标得以实现,多方联动最终实现公转铁高比例的转移。借鉴瑞士等国经验,建议制定出台运输结构调整长效政策,推动制定《综合交通运输促进法》《多式联运法》。推动价格、土地、管理体制、税收等一系列相关法律法规制度调整,营造有利于运输结构调整的环境。

4. 明确运输结构调整工作思路

一是明确运输结构调整目标。合理设置目标,要统筹考虑运输结构调整与产业结构调整、能源结构调整的互动关系,在系统评估《推进运输结构调整三年行动计划(2018—2020年)》目标任务完成情况的基础上,结合"十四五"期经济社会发展目标任务,特别是后疫情时代经济社会发展面临的新形势、新挑战,实事求是、科学合理研究论证未来五年运输结构调整工作的目标任务。二是明确推进思路。实现推进手段上,要由主要依靠行政手段更多向发挥市场作用转变,以推动形成铁路和公路合理的比价关系为重点,不断优化政策环境,建立长效机制,实现企业"公转铁""公转水"由"要我转"向"我要转"转变。实施范围上,要由重点突破向全面推进转变,在既有工作基础上,进一步研究拓展重点区域、重点港口、重点货类"公转铁""公转水"的可行性,不断推动运输结构调整工作在更大范围取得更大成效。推进时效上,要实现从短期以行政推动为主,向中长期法规政策推动为主。三是明确工作重点,部分省市可以结合交通强国建设试点,将运输结构调整作为试点的重要领域,先行先试、以点带面。继续巩固好《推进运输结构调整三年行动计划(2018—2020

第八章 我国运输结构调整发展对策及思考

年)》形成的好机制、好做法，进一步健全工作机制，完善工作手段，创新工作措施，上下联动，协同配合，以实实在在的举措确保运输结构调整工作取得新的更大成效。

第二节 构建支持政策体系

1. 制定促进大宗货物"公转铁"政策措施

一是各地应鼓励对从事煤炭及焦炭、金属矿石、非金属矿石、钢铁、粮食等大宗货物由公路运输转向铁路运输的重点企业和从事货物发运的点到点货运列车经营人，对实施公转铁、公转水成效明显的沿海主要港口企业实施补助。二是鼓励各地对大宗货物运输实施优惠政策，对于铁路运输达到一定比例、运输结构调整工作取得明显成效的工业企业，各地在分解错峰生产任务时可适当减少限产比例。三是针对港口铁路运输的大宗散货，制定港建费减免征收等政策。

2. 设立多式联运产业基金

按照《政府出资产业投资基金管理暂行办法》，交通运输部应联合财政部、中国铁路总公司及招商局集团，共同发起设立全国多式联运产业基金，重点支持多式联运基础设施建设、运输装备标准化升级、物联网技术应用、联运组织模式创新等领域。通过财政支持引导、社会融资投入方式，形成多式联运产业投资资金池，既发挥财政资金的放大功能，拉动社会资本共同投资，拓展多式联运行业投资融资渠道，同时发挥产融结合优势，提高财政资金使用效率，带动释放市场的新动能。

3. 完善财税政策

充分发挥财税政策的调节作用，对铁路货运行业实行财税优惠政策，降低铁路运输企业成本，提高铁路运输企业竞争力。以铁路货运周转量比例为依据，优化完善增值税返还政策，提高地方推动货运"公转铁"的积极性。研究铁路建设中央贴息政策，切实降低铁路部门债务负担。开展公路货运环境保护税征收研究，加快推动公路货运环境污染外部成本显性化。对于运输结构调整成效明显，将公路运输调整为铁路运输超过一定比例的企业，给予企业减税降费政策优惠，包括减征资源税、城建税、房产税、城镇土地使用税、印花税（不含证券交易印花税）、耕地占用税等税费。

4. 完善土地政策

加大铁路专用线用地支持力度，对铁路专用线项目减免城镇土地使用税，对新增建设用地指标优先予以安排解决。对急需开工的铁路专用线控制性工程用地，允许申请办理先行用地手续，但须在开工建设前，落实好征地补偿安置和补充耕地方案。对于线路长、用地量大的专用线项目，土地部门会同铁路方面、建设部门专题研究协调，及时解决用地报批中的困难。支持铁路货运站场土地综合开发利用，根据土地利用总体规划和城市总体规划，统筹安排新开工铁路项目周边土地进行综合开发利用，开发收益优先用于铁路建设。对于铁路物流基地建设项目，在符合交通运输部投资补助政策的情况下，给予资金支持。对于重点港口集疏运铁路项目，按照车辆购置税收入补助地方资金管理暂行办法，给予投资补助支持。地方政府要结合本地实际，加快研究制定本地区支持"公转铁"相关建设项目的补助政策。鼓励各地基于大宗物资"公转铁"转移量，研究制定资金奖励政策。

5. 给予通行费优惠支持政策

鼓励对运输国际标准集装箱的国Ⅴ排放标准货运车辆实行高速公路通行费减征优惠，对短距离行驶的车辆减征车辆通行费。城市物流配送新能源车辆使用城市周边收费快速路及放射线高速公路开展城市物流的，其配送通行免费，优先办理此类车辆的高峰通行证允许其在高峰时段通行，同时优先允许此类车辆在非高峰期时段、限货区域内通行和临时停靠装卸货物。

第三节 逐步规范货运市场

1. 推进铁路运营体制改革

当前铁路运输仍存在运价过高、便捷性不高等问题，其根源在于铁路缺乏竞争机制。因此，必须要推进铁路运营体制改革，建立铁路运输竞争机制，通过竞争，降低铁路运输价格，从而促进公转铁。通过铁路运营改革全面激发铁路货运行业发展活力，增强行业竞争力和持续发展能力，更好地服务经济社会发展和交通强国建设，形成统一开放、公平公正、有效竞争的铁路货运市场。坚持市场化改革方向，系统设计，统筹安排，合理划分政府与企业、企业与企业、企业与社会的关系，重塑市场主体，激发企业发展活力。铁路运营改革的关键是处理好铁路路网性与竞争性、公益性与商业性的关系，形成专业化、集约化、高效性的运营组织模式。铁路行业重组具有长期性、复杂性和艰巨性特点，为确保平稳顺利推进，需制定周密的改革方案，分阶段实施，系统考虑并妥善处理改革中可能出现的问题。

2. 完善铁路运价机制

与公路运输相比，铁路运输价格优惠不明显，例如由于铁路在 100km 范围内运输价格优势不明显，短途运输中，铁路运输价格较公路运输价格平均高约 30～50 元/t，企业若选择铁路运输会增加运输成本。根据《国家发展改革委关于深化铁路货运价格市场化改革等有关问题的通知》（发改价格〔2017〕2163 号），矿物性建筑材料、金属制品、工业机械等 12 个货物品类运输价格实行市场调节，由铁路运输企业依法自主制定。实行政府指导价的整车运输各货物品类基准运价不变，铁路运输企业可在国家规定的基准运价基础上，根据市场供求状况自主确定具体运价水平。

对实行市场调节的货物运价，铁路运输企业要按照"合法、公平、诚信"原则，建立健全运价内部管理制度，合理确定价格水平，为用户提供质价相符的铁路运输服务。在实际操作过程中，由于缺乏竞争机制，虽然干线运输价格非常公开、透明，但短驳、装卸和相关杂费过高，大大降低了铁路运输的竞争力。因此，铁路部门应针对不同货种制定铁路运价降价细则，清理、规范各种不合理收费，提高装卸技术及装备水平，完善铁路货运系统信息化共享制度，做到货物及时跟踪，增加铁路运输吸引力。

3. 推动道路货运转型升级

深化公路货运车辆超载超限治理，加快完善普通国省干线公路超限超载检测站布局，鼓励各地开展普通国省干线货运车辆超限超载治理专项行动。建立健全联合执法机制，各地公路管理机构和公安交通管理部门应依托超限检测站，开展路面联合执法。各地交通运输部门要会同相关部门，加大矿山、水泥厂、港口、物流园区等货物集散地排查力度，加强重点货运源头监管，确定重点货运源头单位，报地方政府批准后向社会公布。

第四节 大力发展多式联运

1. 依托示范工程推进多式联运发展

建议在"十三五"时期开展的三批多式联运示范工程基础上，总结经验，开展第四批多式联示范工程，依托多式联运示范工程推广国内集装箱多式联运运单和电子运单，积极推进多式联运"一单制"实现实质性突破。推动集装箱运输、商品车滚装运输、全程冷链运输等联运模式的创新，引导多式联运经营人以及各运输方式运输企业开展跨方式信息互联互通。出台多式联运示范工程支持政策，对多式联运示范工程进行资金扶持。

2. 推进多式联运信息互联互通

加快多式联运信息共享，推进全国多式联运公共信息系统建设，推动公路、铁路、港口、航运、航空、海关、市场监管和交通行业政务信息的互联共享，提供资质资格、认证认可、检验检疫、通关查验、违法违章、信用评价、运输计划、运输作业场所分布、政策动态等一站式综合信息查询服务，满足多式联运承运人对运输计划、运载工具在途信息、节点状态信息、通关状态、检验检疫状态等信息的共享需求。同时，还应积极引导企业开放共享枢纽站场、运力调配、班线计划等数据资源。

3. 完善多式联运相关制度

加快推进不同运输方式在票据单证格式、运价计费规则、货类品名代码、危险货物划分、包装与装载要求、安全管理制度、货物交接服务规范、保价保险理赔标准、责任识别等方面的衔接，制定有利于"门到门"一体化运输组织的多式联运服务规则。加快制定多式联运运单，积极推进多式联运"一单制"，加快应用集装箱多式联运电子化统一单证，加强单

第八章 我国运输结构调整发展对策及思考

证信息交换共享，实现"一单制"物流全程可监测、可追溯。推广跨运输方式快速换装转运标准化设施设备，完善货物装载要求等作业规范，形成统一的多式联运标准。

第五节 加强监督考核机制

1. 强化源头企业监督机制

将工矿企业、港口企业、铁路企业等落实运输结构调整的工作情况纳入中央环保督察和生态环境部门大气强化督查范围，定期开展督导考核。对超额完成目标任务的企业给予贷款优惠、简化督查、税收优惠等奖励；对未完成目标任务的地方政府和企业予以通报批评、环保处罚等。

2. 强化行业监督考核

交通运输部每年将运输结构调整完成情况纳入交通运输综合督查的重要内容进行督查，组织开展运输结构调整工作督查，对推进不力、进展缓慢的省份将开展约谈和定向督导，督查结果将向行业公布，并向国务院报告。各省份也要结合实际，组织开展辖区内运输结构调整工作督导检查，及时纠正个别单位思想认识不到位、工作推进不得力、工作进展滞后等问题，并督促其整改落实，确保工作取得实效。

3. 完善跟踪监测和绩效评估

完善运行监测和统计制度。进一步完善运输结构调整系统功能，切实加强跟踪监测和绩效评估，不断优化运行监测机制和监测指标，按月度报送统计指标和数据信息，及时准确掌握各项工作进展情况。

4. 组织开展第三方评估

借鉴乡镇和建制村通客车评估工作取得的相关经验，组织第三方机构对执行情况开展效果评估，系统总结成效和经验做法，查摆分析问题，研究提出改进举措和政策建议。

参 考 文 献

[1] 梁仁鸿,龚露阳.综合交通发展指数构建研究[J].交通运输研究,2019,5(1):8.

[2] 高家驹.综合运输概论[M].中国铁道出版社,1993.

[3] 唐建桥.区域运输结构优化研究[D].成都:西南交通大学,2013.

[4] 王庆云.综合运输体系的建设与发展[J].交通运输系统工程与信息,2002,2(3):5.

[5] 郭延结.运输结构合理化的评价原则和标准[J].公路交通科技,1993,10(2):54-62.

[6] 冯文波.我国运输结构优化调整影响因素与策略研究[J].铁道运输与经济,2019,41(9):18-23.

[7] 李昊,马娇,宋华东,等.河南省交通运输供给侧结构改革评价指标体系[J].科技和产业,2018,18(5):5.

[8] 李莹英.运输结构分析与协调性评价研究[D].北京:北京交通大学,2010.

[9] 彭伟.基于DEA效率评价的区域运输结构优化研究[D].北京:北京交通大学,2018.

[10] 杨杰.区域运输结构优化研究[J].科技经济导刊,2018(25):1.

[11] 陈为.湖南省公路运输结构调整与优化[J].公路与汽运,2008(4):4.

[12] 来逢波,袁翠,张秀惠,等.运输结构调整与区域产业结构的协整关系及响应效应[J].综合运输,2018.

[13] 李云汉.关于推进我国货运结构调整政策探讨[J].铁道货运,2018,36(8):5.

[14] 陈淑玲,康兆霞,武剑红.运输结构调整政策的国际比较及启示[J].2021(2018-2):33-37.

[15] 秦芬芬.推进运输结构调整政策的思考[J].综合运输,2018,40(12):5.

[16] 徐攀.加快推进江苏省货运结构调整的对策研究[J].铁道货运,2019,037(005):11-15.

[17] 蔡静,刘莹,张明辉,等.北京地区运输结构调整影响因素及策略研究[J].铁道运输与经济,2019,41(6):5.

[18] 李小波,傅赟,程文毅.运输结构调整条件下铁路货运增量对策探讨[J].铁道货运,2019(3):7.

[19] 柴建,邢丽敏,周友洪,等.交通运输结构调整对碳排放的影响效应研究[J].运筹与管理,2017,26(7):7.

[20] 胡万明.能源消耗约束下综合运输货运结构优化研究[D].成都:西南交通大学,2019.